BUDDHIST HANDBOOK

仏教ハンドブック

子どもたちと聞く仏さまの教え

東本願寺出版

はじめに

親鸞《しんらん》聖人《しょうにん》七〇〇回御遠忌《ごえんき》法要が東本願寺で厳修《ごんしゅう》された一九六一（昭和三十六）年の翌々年、一九六三（昭和三十八）年四月に、『子どものための仏教ハンドブック』（大谷派児童教化連盟編集・東本願寺出版部発行）が発行されました。『子どものための仏教ハンドブック』は、表題としては「子どものための…」となっていますが、お寺の子ども会、日曜学校、仏教保育の指導者で「子どもたちの前に立つ者のため」という願いをもって発行されたものでした。本書は、『子どものための仏教ハンドブック』の改訂版として企画され、そのコンセプトを形にするという編集方針で、二〇〇三（平成十五）年より出版に向けて動き出したものです。しかし、編集作業を始めてみると、四十年前の内容は改訂というレベルではとても現代の時代状況に応えることができるものではありませんでした。そこで、項目は以前のものに沿った形にするものの、内容はすべて新たな執筆者に原稿を依頼しました。

多くの方に執筆を依頼させていただいたこともあり、編集には十年を超える期間を要しました。その間も時代状況の変化は激しく、内容の見直しを余儀なくされました。

今この瞬間も変化し続ける時代に、すべて即応する内容で出版することは不可能ですが、「仏教という視点をもって、日本のすべての教育を問い直す原点になるようなものを作れ」と激励してくださった先輩がいました。

小さな人々のためにではない。
小さな人々と共にでもない。
小さな人々に許されて
彼らの姿から真理を読み取り
ひたすらに
純粋なれ
未熟なれ
持続せよ

この本は「答えを与えるもの」ではありません。子どもたちに寄り添いながら、共に仏さま、親鸞《しんらん》さまの教えを聞こうと歩んでおられるすべての方々に、手元に置いていただくことを願っています。

二〇一六年六月

大谷派児童教化連盟

ちかい

私《わたくし》たちは、仏《ほとけ》の子《こ》どもになります。
私《わたくし》たちは、正《ただ》しい教《おし》えをききます。
私《わたくし》たちは、みんな仲《なか》よくいたします。

三　帰　依（パーリ文）

Buddhaṁ　saraṇaṁ　gacchāmi
ぶっだん　さらなん　がっちゃーみ

Dhammaṁ　saraṇaṁ　gacchāmi
だんまん　さらなん　がっちゃーみ

Saṁghaṁ　saraṇaṁ　gacchāmi
さんがん　さらなん　がっちゃーみ

◉本書の見方

子どもたちと教えを学ぶにあたって大切なキーワードを、テーマごとにまとめました。一話完結なので、どのページからでも読めるようになっています。

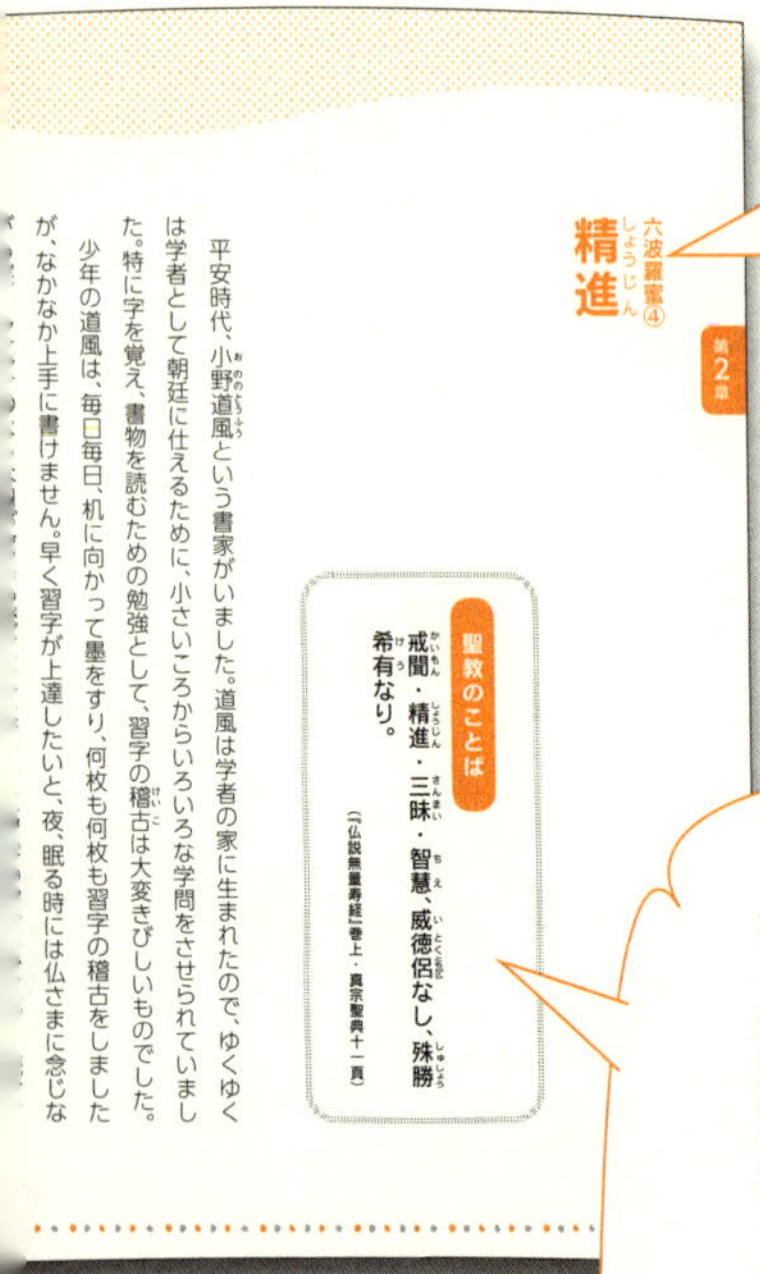
第2章

六波羅蜜④

精進《しょうじん》

平安時代、小野道風《おののとうふう》という書家がいました。道風は学者の家に生まれたので、ゆくゆくは学者として朝廷に仕えるために、小さいころからいろいろな学問をさせられていました。特に字を覚え、書物を読むための勉強として、習字の稽古《けいこ》は大変きびしいものでした。

少年の道風は、毎日毎日、机に向かって墨をすり、何枚も何枚も習字の稽古をしましたが、なかなか上手に書けません。早く習字が上達したいと、夜、眠る時には仏さまに念じな

聖教のことば

戒聞《かいもん》・精進《しょうじん》・三昧《さんまい》・智慧《ちえ》、威徳侶《いとくとも》なし、殊勝《しゅしょう》希有《けう》なり。

（『仏説無量寿経』巻上・真宗聖典十一頁）

それぞれのキーワードを学ぶにあたって、確かめておきたい「聖教《しょうぎょう》のことば」を記載しました。お釈迦さまや親鸞聖人が、語られたことや書かれたことも、一緒に読み、考えてみましょう。

※「聖教のことば」は、左記を参考としています。

・『真宗聖典』（東本願寺出版刊）

・『ブッダのことば』（スッタニパータ）（中村元訳、岩波文庫）

・『ブッダの真理のことば・感興のことば』（中村元訳、岩波文庫）

本書をお読みいただくにあたって

◎釈尊の「さとり」を表す言葉には「悟り」「覚り」があります。『仏説無量寿経』の四十八願には「正覚」とあることから、本書では「覚り」と表記しました。

◎本書は、各項目を分担執筆しています。それぞれのテーマについて、各執筆者の体験をとおして身近に伝える努力をしました。

◎第一章「伝記」の中の生没年などについては、『岩波・仏教辞典』を参考にしました。

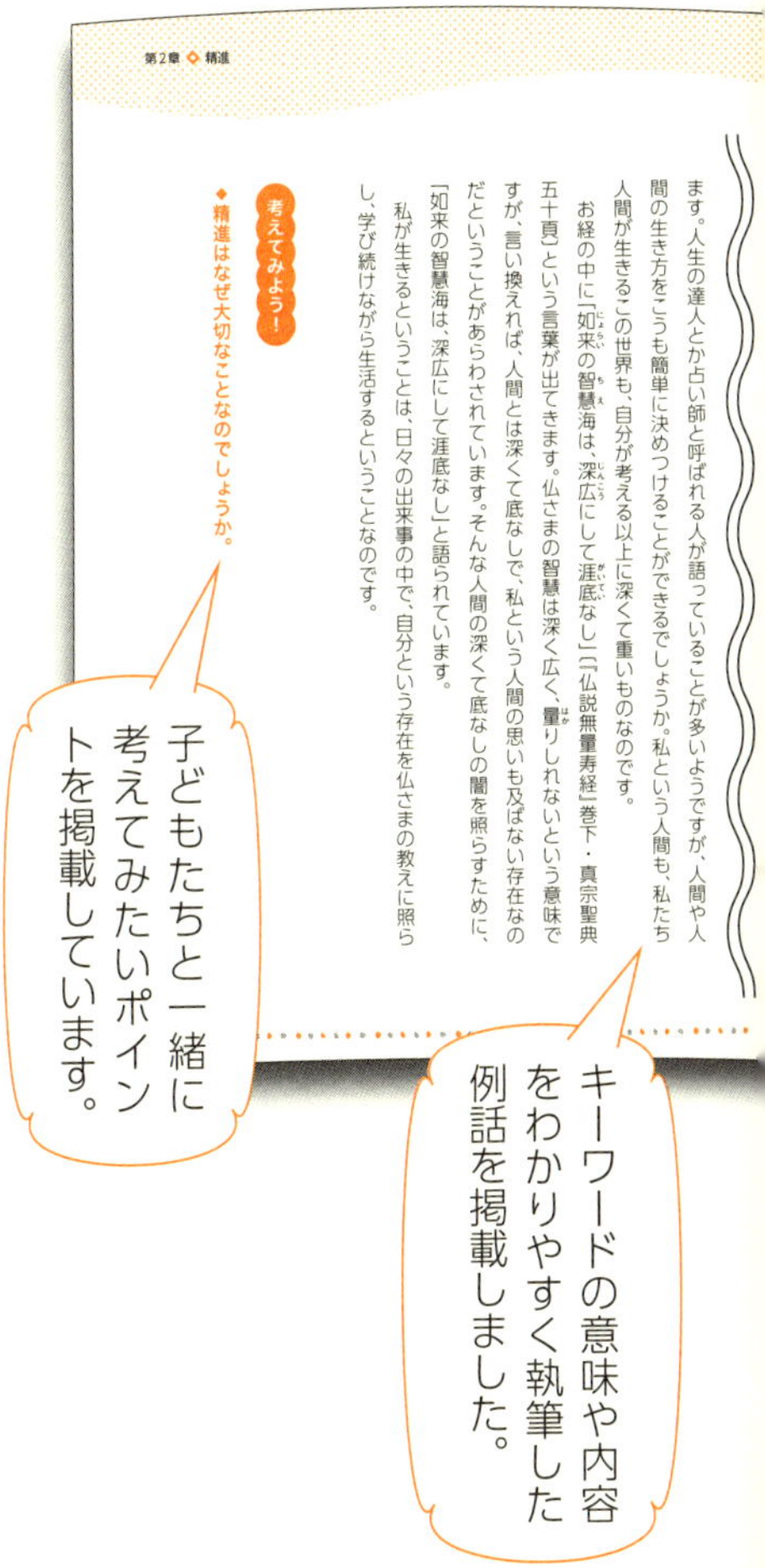
第2章◇精進

ます。人生の達人とか占い師と呼ばれる人が語っていることが多いようですが、人間や人間の生き方をこうも簡単に決めつけることができるでしょうか。私という人間も、私たち人間が生きるこの世界も、自分が考える以上に深くて重いものなのです。

お経の中に「如来《にょらい》の智慧海《ちえかい》は、深広《じんこう》にして涯底《がいてい》なし」（『仏説無量寿経』巻下・真宗聖典五十頁）という言葉が出てきます。仏さまの智慧は深く広く、量《はか》りしれないという意味ですが、言い換えれば、人間とは深くて底なしで、私という人間の思いも及ばない存在なのだということがあらわされています。そんな人間の深くて底なしの闇を照らすために、「如来の智慧海は、深広にして涯底なし」と語られています。

私が生きるということは、日々の出来事の中で、自分という存在を仏さまの教えに照らし、学び続けながら生活するということなのです。

考えてみよう！

◆精進はなぜ大切なことなのでしょうか。

キーワードの意味や内容をわかりやすく執筆した例話を掲載しました。
子どもたちと一緒に考えてみたいポイントを掲載しています。

もくじ

第1章　伝記

第2章　教え

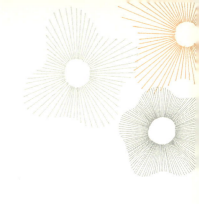

第1章

伝記

- 釈尊
- 舎利弗
- 五比丘
- 龍樹菩薩
- 天親菩薩
- 曇鸞大師
- 道綽禅師
- 善導大師
- 源信僧都
- 法然上人
- 聖徳太子
- 親鸞聖人
- 蓮如上人

釈尊《しゃくそん》（お釈迦《しゃか》さま）

聖教のことば

大聖《だいしょう》おのおのもろともに
凡愚底下《ぼんぐていげ》のつみびとを
逆悪《ぎゃくあく》もらさぬ誓願《せいがん》に
方便引入《ほうべんいんにゅう》せしめけり

（『浄土和讃』・真宗聖典四八五頁）

誕生

今からおよそ二五〇〇年以上昔、インドの北（今のネパール）、ヒマラヤ山脈の麓《ふもと》に釈迦《しゃか》族の国がありました。

その郊外にあるルンビニー園という花園でお生まれになったのが、ゴータマ・シッダールタ王子、後のお釈迦さまです。父をスッドーダナ、母をマーヤーといいました。

仏伝《ぶつでん》には、その誕生が尋常でない出来事として語られています。生まれたばかりの王子は、すぐに七歩歩み、天と地を指し「天上天下唯我独尊《てんじょうてんげゆいがどくそん》」と、声高く叫ばれたと言われています。生まれたばかりの赤ん坊が歩くはずもなく、話すことができるわけはないでしょう。にもかかわらず、仏伝にそう記してあることにはどんな意味があるのでしょうか。

私たちは、自分のいのちの出発を、誕生した時から始まると考えがちです。しかし、王子の誕生には、それ以前に長いいのちの歩みがあり、今、人間に生まれたということは、単に動物としての一生を過ごすためではなく、仏になるための第一歩を意味しています。その長いいのちの歩みを、『大無量寿経《だいむりょうじゅきょう》』では「兜率天《とそつてん》に処《しょ》して正法《しょうぼう》を弘宣《ぐせん》し」（真宗聖典二頁）と表現されています。

兜率天とは、地獄《じごく》・餓鬼《がき》・畜生《ちくしょう》・修羅《しゅら》・人《にん》・天《てん》の六道《ろくどう》のうちの天上界の一つをいいます。この世界は、飲食欲・色欲・睡眠欲・名誉欲・財欲の五つの欲のすべてが満足され、寿命も四〇〇〇歳といいます。この五欲の満足と長寿は、まさしく現代人が飽くことなく求めてやまない境地でしょう。

歓楽《かんらく》の世界も やっぱり苦界《くかい》

そうした楽園のような天上界にあっても、仏が正法を説くということは、つまり、いかなる歓楽の世界であっても、やはり苦の世界に変わりのないことを教えています。
そして、仏は「かの天宮《てんぐ》を捨てて」、生死《しょうじ》の苦がうずまく人間界に、あえて人間として誕生されました。七歩の七とは、六道の迷いの世界を超えたことを象徴しているとも言われます。

しばしば「生まれてこなければよかった」とか「産んでくれなんて頼んでないのに、勝手に産んで」といった文句が出てきますが、それは間違いだと言えます。そうした考えからは、決して前向きの人生は生まれてきません。

私たちが人間に生まれてきた意義は「ただ我、独《ひと》りにして尊《とうと》い」という、いのちの尊さを知ることにあるのです。ここでいう「独り」ということが大事なことです。「独」という字は、「孤」と結びつくと「孤独」になります。「立」と結びつくと「独立」という言葉になります。この場合の「独り」は「独立」の意味にとった方がよいでしょう。

「尊」とは、尊び尊ばれる、他に代わってもらうことのできない、「いのちの尊厳」を意味します。そして「ただ我、独りにして尊い」ということは、決して自分一人だけが尊い、ということではありません。奪っても奪われてもならないのが「いのちの尊厳」です。

私たちのいのちは、ただいたずらに生きながらえ、己《おのれ》のエゴを満たすために尊いのではありません。だれにも代わってもらえない、くり返しのきかない、たった一度のいのちは、決して自分の思いによって自由になるものではありません。

ただ確かなことは、生と死は決して切り離すことはできない、まさに私そのものです。生まれたこと自体、死ぬことを約束されています。この生死一如《いちにょ》のいのちが、まさしく「ただ我、独りにして尊い」という表明なのです。

青年時代

シッダールタ王子は、父スッドーダナ王と養母のマハーパジャパティー夫人の愛護のもと、すくすくと育ちましたが、実母を亡くした王子は、どこか悲しみをもった内気な少年であったようです。王子は、「母の死は自分の誕生にあったかもしれない。自分さえ生まれてこなければ死なずに済んだのではないか」と悩んだかもしれません。

そして義弟も生まれ、時には生母に会いたいと、夜一人で涙したかもしれません。そんな中、シッダールタ王子の青年期におけるエピソードを紹介しましょう。

あわれ 生きものは互いに食《は》み合う

『ニダーナ・カター』という経典《きょうてん》に、次のような話が説かれています。

ある日、スッドーダナ王はシッダールタ王子を連れて城の外へ出かけました。ちょうど稲を植える時期で、田んぼでは人々が汗を流して働き、王が近くを通っても気づかぬほどでした。牛の首はくびきにこすられて皮が破れ血が流れ出ていました。

シッダールタ王子は呆然《ぼうぜん》と立ち尽くし、くぎづけにされたように、じっとこの光景に見入っていました。何人もの従者にかしずかれ、何不自由ない日々を過ごしている王子には、とてもこの世の出来事とは思えなかったのです。

「ああ、この世は苦しみに満ちている。鳥たちは同じ仲間であるのに争い合い、強いものが弱いものを押しのけ、逃げることのできない虫をついばんでいる。人々は疲れ果てていながら、同じように疲れ果てている牛をむち打ち、足を引きずって追い立てられるように働いている」。

シッダールタ王子は胸を締めつけられる思いで父王のそばを離れました。なんとか心を静めようとして辺りを歩くうちに、青々と葉の茂るジャンブ樹に目をとめました。

王子は木の下に座って目を閉じました。すると、今見たばかりの苦しみにあえぐ人々の姿や、城の中でぬくぬくと過ごす自分の姿が、交互に浮かんでくるのでした。(『仏教説話大系』—「釈尊の生涯」より)

ここでは、シッダールタ王子が、生きものが互いに食《は》み合うことの事実を目の前にして、「あわれ」なる現実を認識している場面が描かれています。

かつて、数分前までピチピチ跳ねていた石鯛《いしだい》の刺身《さしみ》を食べた後、今度は生きている桜エビを自分で殺して食べなければならない機会に遭遇したことがあります。

その時、石鯛のいのちを奪っていることなど少しも感じなかったのに、桜エビを自分で殺して食べることになった時、殊勝《しゅしょう》にも少しかわいそうだと思ってしまったのです。そのうち、慣れるに従って、桜エビを食べるのも当り前になっていく…。その心の変化、残酷性《ざんこくせい》にひどく驚かされます。

石鯛も桜エビも共に自分が食したものに変わりはなかったのに、一方は何も感じずに、一方は「かわいそう、あわれ」と、なぜ感じるのでしょうか。

今、法律的には、殺人ということになれば、直接行為をした人の罪が重いに決まっているでしょう。一方、仏教には、不殺生《ふせっしょう》という戒律《かいりつ》があります。その戒律が中国へ入ってくると、かなり細かく分けられて、ただ殺生しないというだけではなく、「自ら殺生するのと、他をして殺させることと、どちらが罪が重いか」という罪の軽重までが問題となっていきます。

仏教の戒律の立場は、「他をして殺さしめることなかれ」とあり、他人に殺させておいて平気でいる人の方が、罪が重いと言えます。それは、いのちが見えず、罪を作ることに対して無自覚だからです。仏教は、あくまでも自覚という一点を重んじるからです。

私たちは、食事に出された肉や魚などに生きもののいのちを見出すことなく、自分がいのちを奪《うば》っているという思いはほとんどありません。そこには、他人に殺させておいて平気でいる自分がいるのです。

いのちは誰のものか

次に、もう一つ『ニダーナ・カター』から引用してみましょう。

ある日、シッダールタ王子が王園で遊んでいると、一羽のガンが飛んできました。ちょうど王子の上空まできた時、ガンは力尽きたように王子の足元に落ちてきました。羽のすぐ下に矢が突き刺さり、真っ赤な血がとくとくと噴《ふ》き出していました。シッダールタ王子は、苦しげにもがいているガンを両手で抱き上げ、突き刺さった矢をそっと抜いてやりました。そこへ、一人の男が息せききって駆け込んできました。

「シッダールタ王子さま、私はあなたさまのいとこのデーバダッタさまに言いつけられてまいりました。そのガンはデーバダッタさまが射落《いお》とされたもので、すぐに拾って持ち帰れとの仰《おお》せでございます。どうぞガンを私にお渡しくださいませ」

「よくもこんなむごいことを…。デーバダッタに伝えてくれ。もしガンが死んでしまったなら、その時に返そう。しかし、生きている間は絶対に返すことはできないと」

使いの男は、王子の言葉を聞いて、いったんは立ち去りましたが、すぐに戻ってきて重ねて言いました。

「シッダールタ王子さま、あなたさまのお言葉をデーバダッタさまに伝えましたが、『生きていようと死んでいようと、射落としたのはこのデーバダッタだ。シッダールタには関係のないことだから、すぐ取り返してこい』と、こうおっしゃるのでございます。お願いでございます。どうかガンをお返しください」

そう言って泣きつく使いの男に、シッダールタ王子は厳しい口調で答えました。

「このままそっとしておいてやれば必ず助かるものを、殺されるのがわかりきっているのに、どうしてデーバダッタのところへ返したりできようか。生きとし生けるもののいのちを奪うことが、どんなにむごい仕打ちであるか、必ず思い知る時が来るであろう。私がそう言っていたと、デーバダッタにしっかり伝えなさい」。使いの男はシッダールタ王子のけんまくに驚き、自分がしかられたかのように何度も頭を下げながら引き下がっていきました。

事のいきさつを聞きつけた釈迦族の長老たちは、相寄って協議し、この出来事に判定を下しました。

「助けようとする者こそが、このガンを受け取るべきだ。殺そうとする者に渡すなど道《どう》理《り》ではない」と。

ここに、「いのちは誰のものか」の問いに、「助けようとする者こそがガンを受け取るべきであり、殺そうとする者に渡すなど道理でない」という結論が出てきます。いのちは助けようとする者、つまり、愛そうとする者のいのちと言ってよいでしょう。

もちろん、ここで単純にお釈迦さまを善者、デーバダッタを悪者として、対照して見るわけではありません。むしろ、親鸞聖人《しんらんしょうにん》は、デーバダッタのことを「提婆尊者《だいばそんじゃ》」と敬《うやま》ってさえいます。

私たちの生き様を考えてみる時、私たちは、いのちを助け愛そうとする者につき従って生きていくお釈迦さまのような生き方と、傷つけ殺し合うようなデーバダッタのような生き方の両方を兼ね備えているのです。

ここでいうデーバダッタ的生き方とは、つまり愚痴《ぐち》や不平や不満をいったり、思うことが叶わないと、一日を空《むな》しく過ごしていく生き方をいいます。ですから、今は人を憎んだり、恨んだり、蔑《さげす》んだりする生き方の一方で、他人のことを想い愛し敬ったりする生き方、その両面を同時に一人の人間が、抱えているとみるべきでしょう。

四門出遊《しもんしゅつゆう》

お釈迦さまがカピラ城の王子であったころは、冬には暖かい宮殿、夏には涼しい宮殿というように、雨期、夏、冬の三期には、それにふさわしいそれぞれの宮殿が与えられ、物質的にも恵まれた環境で育てられました。しかし、心は何か憂鬱《ゆううつ》で、物思いにふけりがちでした。

そこである時、父王のすすめで、遊山《ゆさん》(遊びに出かけること)を思い立ったのでした。そこでお釈迦さまは、老・病・死・生の苦と出遇《であ》われたのです。

老苦

シッダールタ王子がカピラ城の東門を出た時、やせ衰《おとろ》えた老人に出会いました。王子は、人は皆このように老いるのかと問い、城に帰ってしまいました。

老いは、若さに対しての思いです。今若くて元気な人も、やがて花がしぼむように老いていきます。

私たちの生活の中では、老衰《ろうすい》は往々にして覆《おお》い隠されて、楽しいことがよいことであるという生活からは、老いの事実が見えないのです。それが受け止められない人間のあり方を「老苦《ろうく》」といいます。

東は日の出の方角であり、前途洋々《ぜんとようよう》な状態を指しますが、そこで老苦が説かれるということは、老と若とは手の裏表のようなことを表現しているといってよいでしょう。シッダールタ王子が老人に出会ったことは、老人に自分の姿を見たのです。若い充実した生活の中に、老いの現実の姿を見たということです。

今日の物質的に豊かな生活の中で、老人は本当に安心し充実した日暮らしをしているのか、あらためて考えなければならない問題です。

病苦

次に、シッダールタ王子は南門から出て、道端で苦しむ病人に会い、また城に引き返しました。

現代は、「医学の進歩の恩恵《おんけい》を受け、昔では治らなかった病気も治り、いのちが救われるということが多くあります。健康な人から見れば、病人は自分とは関係のない人です。「お気の毒さま」とは思っても、しょせん路傍《ろぼう》の人であって、わが身の問題とは受け取れません。道端の病人を、シッダールタ王子は自分の姿として受け止めたのです。だから城へ帰ったのです。

南は暖かい方角でしょう。そこであえて病人と出会うということは、病と健康も手の裏表のようなものなのです。

死苦

次に、シッダールタ王子は、西の門から出ました。すると、お葬式の列に出会いました。シッダールタ王子は自分も死ぬのかと憂《うれ》いて、城に戻ってしまいました。

西に日が落ちていく、それは一日を満足して終わるという方角でしょう。そこで死が説かれるということは、人生の充実感は、また死と隣り合わせにあるということです。それに気づかないのが人間です。

死は誰にもやってくることですが、経験ができることではありません。死ぬことはわかっていても、なかなか自分の問題としては受け取れないのです。

以前、地下鉄で人身事故があり、電車が止まったそうです。十五分ほど経って、車内放送が入り、「ただ今人身事故がありました。下半身は発見されましたが、上半身がまだですので、もうしばらくお待ちください」。それを聞いた乗客のある人は、「下半身で十五分かかって、また、上半身で十五分かかったらどうしよう。急ぐ用事があるのに」と文句を言ったそうです。

自分の足下では、一人の尊いいのちが失われたのに、それが見えないのです。もし、それが身内の人であったら悲しみはまったく異なるでしょう。私たちは、死というものを他人事としてしまい、自分も死ぬいのちであることには、なかなか気づけないのです。

シッダールタ王子は、他人の死を自分のこととして考えたのです。

生　苦

次にシッダールタ王子は、北の門から出ました。そこで、一人の出家者《しゅっけしゃ》に出会いました。その出家者の清らかで安らかな姿は、シッダールタ王子に深いあこがれを残しました。

人は、物質的に恵まれていても、優しい家族と一緒に暮らしていても、地位や名誉を得たとしても、人間の生きる意味と方向性が見出されない限り不安が募《つの》ります。

人間は、ものがないから苦しむだけでなく、ものが手に入った瞬間からまた悩みが始まるのです。それは全てのもの、あるいは事柄に執着《しゅうちゃく》するところから始まります。私たちは、この執着を離れることができずに悩み苦しんでいます。

北は寒く厳しい方角でしょう。そこで人間の生きる意味を説くことは大きな意味があります。

出家

シッダールタ王子は十九歳で、ヤショーダラ姫をおきさきにもらいました。そして、二十九歳の時に男の子が誕生しました。そのころにはもう出家《しゅっけ》を決意していたのでしょうか、子どもの名前をラーフラ（障《さわ》り多きもの）と名づけました。

親にとって子どもはかわいいものです。ではなぜシッダールタ王子は自分の子どもを、「障り多きもの」と名づけたのでしょう。子どもへの愛が強ければ強いほど、出家の決心が鈍《にぶ》るのです。

国を捨て、王位を捨て、財を捨て、親を捨て、妻を捨て、子を捨てて出家する。そこには、シッダールタ王子の大いなる悩みがあったと思われ、その悩みを解くために出家を決意しました。

出家と「家出《いえで》」は違います。家出は、家庭からの逃避《とうひ》です。出家は、本当の人間に成《な》るため道を求めて家を出ることです。シッダールタ王子は、現実の世を厭《いと》い、真実の道を求めて出家しました。

当時のインドでは、人間の生涯を四つに分ける考え方がありました。『マヌ法典《ほうてん》』によれば、物心ついた男子の一生を、

・学生期《がくしょう》（七～八歳から十二年間の修学の時期）

・家長《かちょう》期（二〇歳ごろから五〇歳ごろまでの家長としての責任を果たすべき時期）
・林棲《りんせい》期（長男が結婚して家長を譲ったころ、家を出て隠遁《いんとん》の生活をする時期）
・遊行《ゆぎょう》期（林中の修行が完成し、森を出て托鉢《たくはつ》遊行の乞食生活をする時期）

このように分けていました。

シッダールタ王子もそうした習慣に従ったともいえますが、それにしても少し若すぎます。すべての束縛からの解放を願っての出家であったとすれば、それは外面的な習慣というより、自身の心の深いところでの決断ではなかったかと思われます。

出家したシッダールタ王子は、六年間修行をしました。しかし、いくら修行をして自己を苦しめても、一時の安心《あんじん》は得られますが、なかなか永遠の安心は得られませんでした。

そんな中、琴《こと》を演奏する楽人《がくじん》の言葉が聞こえました。

「琴の糸は張りすぎるとすぐ切れる。緩《ゆる》すぎるといい音色《ねいろ》が出ない。ちょうどいいのが良い」。

シッダールタ王子は、この言葉にハッと気づいたのです。そうか、自分の修行も苦に偏《かたよ》ってはならないし、また楽に埋没《まいぼつ》してもならない。苦とか楽とか、どちらにも偏ることなく中道《ちゅうどう》の道を歩くことが大切であると。

そこでシッダールタ王子は、村娘スジャータに乳粥《ちちがゆ》をもらって体力をつけ、ブッダガヤーで法を体得するまで座り続けることを決心しました。同じく修行している仲間は、シッダールタが脱落したと思い、その場を立ち去っていきました。

降《ごう》魔《ま》

スジャータの乳粥により体力を回復したシッダールタ王子は、ブッダガヤーにある菩《ぼ》提《だい》樹《じゅ》の木の下に座り、瞑《めい》想《そう》に入りました。覚《さと》りをひらくまでこの場を立たない、という決心をしたのです。

王子の「内観《ないかん》(自己を深く見つめること)」が始まりました。しかし、真理に目覚めようとする王子に対して、同時に悪魔《あくま》が目覚めるのです。悪魔の仕事は、人間が人間性を失う生き方をするように仕向けることです。ですから、人間が真理に目覚めると困るのです。それは、悪魔にとっては恐怖でした。人間が互いに殺し合い、互いの人権を奪い合う、自分さえよければよいというエゴを丸出しにしたり、他人を傷つけ、自分を傷つけ、人間としての優しさを失うという人間性を無くした生き方をする人間が増えれば増えるほど、悪魔はほくそ笑《え》んでいます。

それが一度、真理に目覚めようとする者が現れると、悪魔はいかなる手段を取ろうとも、それを阻《はば》もうとします。

はじめに、悪魔は王子に、美女を侍《はべ》らせました。そこで宴《うたげ》を催《もよお》し、酒と快楽におぼれさせようと誘惑するのです。それでも王子の心が惑わされることはありませんでした。

次に、悪魔は、軍隊を以《もっ》て、あらゆる武器を持ち、脅しました。それは権力となって、王子の内観を止めようとします。権力というものは、何もない時は現われません。人々が自由と平和を求め、真実を求めようとする時、それを押さえ隠そうとするため権力は現われるのです。

それでも動じない時、三つ目に悪魔は、大地を揺るがせました。その人の依《よ》って立つ拠《よ》り所《どころ》を揺るがすのです。その人の信念すら揺るがそうとします。

この三つの悪魔の誘惑で、たいていの人は脱落してしまうでしょう。しかし、王子はその悪魔の誘惑が自らの内にあると見抜きました。悪魔の誘惑は外にあるのではなく、自分自身にあることに気づいたのです。王子は、悪魔の誘惑と戦いつつ、老・病・死のもとは何かと、内観の道を進んでいきました。

王子は、「われは戦いに勝てり。今は智慧《ちえ》すぐれ、すべてのものに汚されず、苦悩を離れ、愛の渇き尽きて、円《まどか》に悟れり」と、人生の勝利者の宣言をするのでした。すると、内なる悪魔は即座に退散してしまいました。

初転法輪《しょてんぼうりん》

覚りをひらいて仏陀《ぶっだ》(お釈迦さま)となられた王子は、しばらくは真理を得た喜びにひたっていましたが、やがて「この真理を言葉でいえば、言葉の概念によって真実性を失ってしまう。誰もこの真理はわかってもらえないであろう」と、教えを説くことに戸惑いました。

インドの神さまである梵天《ぼんてん》は、お釈迦さまの戸惑いに驚き、「必ず理解できる人がいるはずです。真理はすべての人に開放されるべきです。どうか教えをお説きください」と、すすめ促《うなが》すのでした。

そこでお釈迦さまは、かつて一緒に修行した五人の比丘《びく》を求め、鹿野苑《ろくやおん》に出かけていきました。鹿野苑では、五比丘《ごびく》が、「王子は脱落したのだ。そんな人の話は聞くものか」と申し合わせをしていました。しかし、お釈迦さまの姿を見た五比丘は、その気高《けだか》さに圧倒され、自然に頭を垂《た》れ、その説法に聞き入りました。

お釈迦さまは、この時四諦八正道《したいはっしょうどう》の教えを説きました。ここに、仏《ぶつ》と法《ほう》と僧《そう》の三宝《さんぼう》が誕生し、その後の仏教教団は、帰依三宝《きえさんぼう》が根本の誓いとなりました。

対機説法《たいきせっぽう》

お釈迦さまは、覚りをひらいてから涅槃《ねはん》に入るまでの四十五年間、ひたすら教化伝道《きょうかでんどう》の旅に出られました。お釈迦さまは、多くの弟子に、「犀《さい》の角《つの》のようにただ独り歩め」と言いました。多人数で一人の人に会うよりも、一人が多くの人に出会えば、それだけ人と人との出会いが増える。仏の真理の法を少しでも多くの人に伝えたいというのが、お釈迦さまの願いだったのです。

お釈迦さまは、一人ひとりを大切にされ、その人に応じた説き方をされました。その一人に、アングリマーラという人がいました。アングリマーラは、指鬘外道《しまんげどう》ともいわれています。少年時代の名をアヒンサカといって、バラモンの学問と修行によって将来のある有能な人物とみられていました。ところが、バラモンの先生の留守中、先生の妻が、アヒンサカに恋こがれ、誘惑しようとしたのです。潔癖《けっぺき》な性格のアヒンサカは、相手にもしませんでした。

すると先生の妻は、自分の恋心を不潔なもののように拒否したアヒンサカを許すことができず、嫉妬《しっと》に狂い、復讐《ふくしゅう》を誓って狂言《きょうげん》(わざと仕組んだうそ)をたくらみます。先生が旅から帰った時、彼女は自分で着ていたものを裂いて、身体を傷つけ、「あなたの留守中に、アヒンサカが私に乱暴してきました」と泣きくずれたのです。

「何と悪い奴じゃ、破門《はもん》にしよう」

「破門では足りません。もっとひどい目にあわせてください」

そこで先生は、アヒンサカを呼び、「お前にバラモンの最高の奥義《おうぎ》を授けよう。これから夜、他人に知られないようにして、人を千人殺し、殺した者の指を鬘《かみかざり》にして首にかけてくるがよい」と言ったのでした。

困ったアヒンサカでしたが、師の言いつけでしかたなく人を殺し始めました。いつしか、アヒンサカは九九九人の指を鬘にして首にかけていました。そして、とうとう最後の一人という時、その殺す相手は皮肉にも母親であったのです。あと一人で大願《だいがん》が成就《じょうじゅ》すると思いつめたアヒンサカは、母親でも殺そうとするほど心が狂っていたのでした。

そのことを知ったお釈迦さまは、アヒンサカの前に現われ、「アヒンサカよ、止《とど》まれ。凶悪な罪業《ざいごう》をこれ以上してはいけない…」と何時間もかけて、彼の迷いの目を開かせました。

それ以来、お釈迦さまの弟子となったアヒンサカは、ある日托鉢《たくはつ》に出かけました。かつての凶悪なアヒンサカのことを知っている女性が、彼の顔を見て恐怖におちいり、お産ができずに苦しんでいました。アヒンサカは申し訳なくなって、そのことをお釈迦さまに告げました。お釈迦さまは、「汝《なんじ》は彼女に、『安心しなさい、私は人を一人も殺したことはない』と言って彼女を救いなさい」と言いました。アヒンサカは、「お釈迦さま、私は人を千人も殺しました。一人も殺していないと嘘は言えません」と答えました。そこで、お釈迦さまは次のように言いました。

「アヒンサカよ。一人も殺さないということは、汝が仏弟子となってからは、一人も殺さないということだ」

今を生きようとしている一人の弟子をいたわり、これほどまでに思ってくださるお釈迦さまの言葉に、ただ涙するアヒンサカでした。

また、ある日アヒンサカが法衣《ほうえ》をつけて托鉢に出かけた時、ある者は石を投げ、ある者は棒を振り、アヒンサカは身体中、傷だらけになってしまいました。その姿を見て、お釈迦さまはアヒンサカに語りかけました。

「忍受《にんじゅ》せよ、アヒンサカよ忍受せよ。幾年《いくねん》、幾百年、幾千年、その業果《ごうか》を受けても忍受せよ」

お釈迦さまは、アヒンサカに自らの罪業をどこまでも受けていくべきであることを説き明かしました。一方、町の人に対しては、立ち直ったアヒンサカをあたたかい目で見てやってほしいと訴え、願い続けられました。

お釈迦さまの教誨《きょうかい》（教えをさとすこと）は、加害者と被害者、両者の間に立って、いのちの尊厳について説かれたものでした。ここに教誨の大切な意味が見られます。殺人を決して正当化することはできません。しかし、加害者も被害者も共に人間のいのちに目覚めることが大切です。

このようにお釈迦さまは、その人に合ったさとし方をされました。

涅《ね》槃《はん》

涅槃とは、インドの言葉でニルバーナといいます。

お釈迦さまが八〇年の生涯を終わられる時、涅槃に入られたといわれます。お釈迦さまが涅槃に入られるということは、肉体の死を意味するのです。どんなに偉大《いだい》な人であろうが、必ず死ぬということです。お釈迦さまは、スーパーマンでも神様でもなく、死ぬ人間として生き、そして仏となられたのです。

お弟子たちは、この悲しみをとおして死という事実に出遇われました。それまではお釈迦さまのそばで、悩みを聞いていただいたり、仏の法を聞くことができたのですが、それができなくなってしまったのです。

お釈迦さまは、自身が死んでいく身であることをすでにご存じでしたから、「自灯明《じとうみょう》法灯明《ほうとうみょう》」という教えを、弟子たちに説かれました。

自灯明《じとうみょう》

お釈迦さまの説法は、人それぞれにあった説き方をされるという特徴がありました。もの覚えのよくないチュッラ・パンタカというお弟子には、「箒《ほうき》を持って塵《ちり》を払い、垢《あか》を除きなさい」という簡単な言葉によって覚りをひらかせました。また神経質な人には、「ゆっくりやりなさい」と説き、怠《なま》け癖のある人には「しっかりやりなさい」と叱咤《しった》されました。

このように、それぞれの個性を活かして仏道の修行を勧められ、弟子の人間性を大事にされました。お釈迦さまはかねがね、「自らを灯として生きていきなさい。決して他を拠り所にしてはいけない」と言われました。

法灯明《ほうとうみょう》

お釈迦さまは、自らの死をとおして、後々の人々が正しい教えを聞いていくべき道を明らかにされました。それがお釈迦さまの涅槃の意義です。ですから、私たちにとってお釈迦さまの涅槃は、仏道の出発点になる大切な出来事です。

しかし、人間は自由になると、わがままになるものです。ですから、その人の個性を伸ばすことと同時に、教団の秩序も大事になります。お弟子がお釈迦さまの教えを勝手に解釈して、教団を乱すこともあり得ます。そこで、お釈迦さまの教えを正しく守るべき「法灯明」も大事になってくるのです。

チベット死者の書

チベットに伝えられた仏教では、生と死の苦しみについて次のように説かれています。人は生まれ出る時、大いなる苦しみを持って生まれてきた。そして、周りの人は祝福した。また、人は死に臨《のぞ》んで、大いなる安らぎを得る。しかし、周りの人々は死を忌《い》み恐れ、大いなる悲しみにうちひしがれた。

人間が生まれる時は「生苦」といって、大変な苦しみであったというのです。しかし、私たちには、そんな苦しみの記憶はありません。ただ、周りの人々の誕生の祝福はわかります。

また、死に臨んでの安らぎも、私たちにはわかりません。死んで生き返った人がいれば死に臨んでの体験を聞けますが、無理な話です。ただ、周りの人が悲しんでいることは、よくわかります。

つまり、お釈迦さまの説かれた涅槃が寂静《じゃくじょう》であることがよく理解できます。生死一如の世界を明らかにされたのが、お釈迦さまの生涯のお仕事であったのです。

〔釈尊…紀元前四六三年頃生まれ〜三八三年頃示寂《じじゃく》。一説に前五六六〜四八六年〕

考えてみよう！

◆お釈迦さまが生涯をかけてされたお仕事とは、どのようなお仕事だったのでしょうか。そして、そのことは、私たちにとってどんな意味があるのでしょうか。

◆お釈迦さまの最期《さいご》の言葉は何だったでしょうか。その言葉から、どのようなことが考えられるでしょうか。

◆人間の苦のもとは、どんなことでしょうか。

舎利弗《しゃりほつ》(シャーリプトラ)

聖教のことば

仏《ぶつ》、この経を説きたまうことを已《おわ》りて、舎利《しゃり》弗《ほつ》およびもろもろの比丘《びく》、一切世間の天・人《にん》・阿修羅等《あしゅらとう》、仏の所説を聞きたまえて、歓《かん》喜《ぎ》し、信受して、礼《らい》を作《な》して去りにき。

(『仏説阿弥陀経』・真宗聖典一三四頁)

祭りの虚《むな》しさ

王舎城《おうしゃじょう》の近くのウパティッサ村で生まれた舎利弗《しゃりほつ》には、コーリタ村で生まれた目連《もくれん》という大変親しい友人がいました。二人はバラモンの子として生まれました。この二人は、釈尊《しゃくそん》の二大弟子として有名です。二人は同じ年齢で、幼いころからの仲よしで、家族同士も七代もの間のつき合いでした。

ある時、二人は王舎城の近くで行われている山頂祭りという祭りに出かけました。年に一度の祭りに、人々は歌い、踊り、われを忘れて楽しんでいました。ところが、二人は人々が楽しむ姿を見ても、心は少しも晴れないのでした。むしろ、二人には眼を覆《おお》い、耳をふさぎたくなるような光景として映りました。二人はため息をつきながらその場を離れ、人々のいない静かな場所を求めて歩いていきました。

静かな場所に腰を下ろすと、二人はしみじみ考えました。「あの人たちは何を考えて生きているのだろう。毎日を苦しみの中で過ごし、年に一度の祭りで、われを忘れたような騒《さわ》ぎを楽しむ、そのくり返しではないか。苦しみや悲しみを、祭りの騒ぎで忘れようとしているのだろうが、それで苦しみや悲しみは決して消えるわけではないのに……」。

そこで二人は、永遠に変わることのない真実を求めて、出家《しゅっけ》しようと決意しました。

ちょうどそのころ、王舎城に懐疑《かいぎ》論者として有名なサンジャヤという修行者がいて、五百人もの弟子を従えていました。二人はサンジャヤの弟子となりました。しかし、七回目の授業で、サンジャヤの教えをすべて理解してしまったのです。

舎利弗は目連に言いました。「目連よ。サンジャヤの教えによっては、永遠の真実を見極めることはできない。このうえは、さらに優れた師を求めよう。そしてわれわれの求める道を説く師に出遇《であ》ったなら、その時はお互いに知らせ合おうではないか」と。

二人は固く約束して別れました。そして、その道を最初に発見したのは舎利弗でした。

アッサジの教え

舎利弗は王舎城の街で、道行く一人の沙門《しゃもん》（僧）の姿に目を止めました。その姿はなんとも言えずさわやかで、すがすがしいものでした。その沙門の名は、アッサジといいました。アッサジは托鉢《たくはつ》に歩いているところだったのです。

舎利弗は、アッサジの托鉢が終わるのを待って声をかけました。「沙門よ。あなたの心静かなその姿に、私は心引かれました。どうしたらそうなれるのか教えてください」。「バラモンよ。実は私は、師の教えのままに修行しているだけです。その師は釈尊です。私はまだ出家して日の浅い身です。残念ながら、私はまだ、釈尊の教えを詳しくあなたに伝えることはできません」とアッサジは答えました。

アッサジの言葉を聞いた舎利弗は、早く釈尊の教えを聞きたい思いでいっぱいになりました。そして、自ら歌を唱って頼んだのです。

「たとえ少しの教えでも真理の言葉がほしいのです。真理を求めるわたくしは、多くのことを聞くことは望みません」

それに答えて、アッサジは師の教えを示す歌を唱えました。

「すべてのものには原因があって、そのため生起し、すべてのものには原因があってそのため消滅す。世尊《せそん》はその因を説き明かす」

これを聴いた舎利弗は、即座に喜びに溢《あふ》れてアッサジに言いました。

「尊者よ。ありがとうございました。やっと、求めていた真実の法に出遇うことができました。ところで今、釈尊はどこにおられるのですか」

「釈尊は竹林精舎におられます」

「そうですか。それでは尊者よ、どうか先に行ってください。私は友人のもとへ行き、このことを知らせてきます。そして、友人を連れてすぐあなたの後を追いかけ、世尊のもとに参ります」

舎利弗はそう言って、アッサジのもとにひれ伏し礼拝し、目連のもとに向かいました。

智慧《ちえ》とは

仏弟子となった舎利弗は、目連と共に修行僧たちの模範《もはん》として、しだいに釈尊から深く信頼されるようになりました。ことに舎利弗は、数多くの仏弟子たちの中でも、最も優れた智慧《ちえ》の持ち主であると言われています。釈尊はある時、修行僧たちに向かって、「修行僧たちよ。舎利弗尊者は実に賢い智慧の持ち主であり、言葉が和《なご》やかなうえに、人に思いやりのある言葉をかけることができる人です」と、舎利弗の姿勢をたたえました。

釈尊の説かれた法は、四法印《しほういん》として示される縁起《えんぎ》の理法《りほう》でした。舎利弗は、この縁起の理法にふれた時、一切の存在をこの理法に立って受けとる智慧を明らかにすることができたのです。智慧とは、私たちの頭であれこれと理解することではありません。事実を事実として、身で受け止めていくはたらきを智慧といいます。私たちはその智慧のはたらきによって初めて、身がいのち一杯生きていることに目覚め、同時に、いのち自身の深い願いに出遇うことができるのです。

残されたいのち七日間の仕事

舎利弗には、口に出して嘆いたりすることこそなかったのですが、一つ気になることがありました。それは母親のサーリーのことでした。彼女には舎利弗をはじめ、他に四人の息子と二人の娘がいました。この七人の子どもたちはすべて釈尊のもとで出家し、それぞれ修行僧、尼僧となり、覚りもひらいていたのです。そのため、家を継ぐものがいなくなってしまったため、母親も父親も釈尊やその弟子たちを必ずしも快く思っていなかったようです。正しい覚りを得て物事にとらわれることがなかったかのように見える舎利弗でも、さすがに母のそんな想いだけは気になっていたに違いありません。

舎利弗が七日以内にこの世を去らねばならないという日のことでした。「私は母を訪ねなくてはならない。母は七人の阿羅漢《あらかん》の母であるのに、覚りをひらくどころか世尊の教えにも、修行僧たちに対しても、尊敬の気配すらもてないでいる。私には時間がない」。

舎利弗は釈尊に別れを告げ、五百人の修行僧を連れて母のいるナーラカ村に向かいました。七日目にナーラカ村に着くと、母は自分の息子である舎利弗が、もう一度在家の生活をするために戻ってきたのだろうと思い、喜んで舎利弗の一行を迎える準備に取りかかりました。しかし、母は息子が出家の生活を捨てて戻ったのではないことを知ると、以前のように怒って、舎利弗が病気にかかっていることには気づきませんでした。

しばらくすると、天界の神々が舎利弗のもとに見舞いに訪れました。これを見て大いに驚いた母は、「息子よ、今ここに来ていたのは、天界の神々ですか。あなたは本当に、あの神々よりも優れているのですか」と、舎利弗に言いました。

それが事実であることを知った母は、体中に喜びが湧き上がり、今まで長い間持ち続けてきた怒りが氷のように溶けてしまいました。舎利弗は病床から起き上がって、「この私よりも、われわれの世尊のほうがもっとすばらしいのです。世尊はわれわれに真の喜びと安らぎをお説きになっているのです」と、釈尊の教えを母に説き始めました。すると、母のサーリーは聖者の最初の境地に達することができたといいます。そしてまた、舎利弗は弟のマハーチュンダをはじめ修行僧たちに静かに語りかけました。「僧たちよ、私が修行僧として過ごしてきたこの四十四年間、私はあなたたちを怒らせたり、不満に思わせたことはなかったであろうか」と。すると僧たちは直ちに、「尊師よ、尊師は決してそのようなことはなさっていません。尊師に罪はございません」と答えました。舎利弗はそれを聞くと、衣でくちびるをふいて横になり、生まれ故郷の母のもとで深い眠りに入り、明け方近くにこの世を去ったのでした。奇《く》しくも、釈尊の涅槃《ねはん》より一年前のことでした。

舎利弗は、釈迦十大弟子の一人です。その中で「智慧第一」と多くの人から親しまれた舎利弗は、成すべき仕事のすべてを成しえた喜びと安らぎの中に、自らの生涯を生き抜きました。真実に立つ智慧の厳しさはそのまま、あたたかい慈悲《じひ》の心を大地としていたのです。舎利弗はこのことを身をもって私たちに示しています。

考えてみよう!

◆舎利弗は、なぜ「智慧第一」と人々から呼ばれたのでしょうか。

五比丘《ごびく》

―お釈迦《しゃか》さまの説法《せっぽう》を初めて聞いた人々―

聖教のことば

如来、無蓋《むがい》の大悲《だいひ》をもって三界《さんがい》を矜哀《こうあい》したまう。世に出興《しゅっこう》したまう所以《ゆえ》は、道教を光闡《こうせん》して、群萌《ぐんもう》を拯《すく》い恵むに真実の利をもってせんと欲《おぼ》してなり。

（『仏説無量寿経』・真宗聖典八頁）

お経のはじまり

お経は今から二五〇〇年ほど前に誕生し、お釈迦《しゃか》さまの説かれた法、教えの言葉が綴《つづ》られています。お釈迦さまの言葉を聞きとった弟子たちによって口伝えに伝えられてきました。やがて文字となり、初めはシュロの樹の葉に刻まれたり、竹や木ぎれ、そして紙などに書かれました。それらを綴っていた、縦糸《たていと》から「経《きょう》」と呼ぶようになりました。経とはまた、真実の法、まことの道理、物事のすじみちという意味です。

お経は、中国、朝鮮、日本へ、あるいはセイロン(スリランカ)、ビルマ、タイなどへ伝わり、各地の言葉に翻訳《ほんやく》され、人種、民族、国家を越えて、人々の心に深く刻み込まれ、私たちの光となっています。

如是我聞《にょぜがもん》

お経を開くと、まずいちばん最初に出てくる言葉は、「如是我聞《にょぜがもん》」です。「かくのごとき、我聞きたまえき」、このように私は聞きました、という意味です。つまり「先生がこうおっしゃった」ではなく、「私はこう聞いた」というのです。尊敬する人の話を受け売りするのではなく、どこまでも自分の責任において「われ聞けり」というのですから、すごいことです。

では、お釈迦さまの説く法を初めて聞いた人とは、誰だったのでしょうか。それは五人の比丘《びく》と呼ばれる人々です。

苦行《くぎょう》から覚《さと》りへ

五人は、かつてお釈迦さまと苦行《くぎょう》を共にしてきた修行者たちでした。国を捨て、王位を捨てて出家したお釈迦さまは、ひたすらに道を求め、ついに苦行で、身体を痛めつけることで覚《さと》りをひらこうとされました。しかし、六年間の苦行からは何も得るところはありませんでした。苦行の無意味さに気づいたお釈迦さまは、今までの考えを洗い直して、独り静かに座ることを始めました。そこで心の中に潜《ひそ》む悪魔と戦い、ついに覚りをひらいたのです。お釈迦さまが苦行を捨てた姿を見た五人の修行者は、「あの人は堕落《だらく》してしまった」と非難して去っていきました。この人たちがお釈迦さまの説く法に耳をかたむけるようになるには時間がかかりました。

鹿の住む園にて

手塚治虫さんのマンガ『ブッダ』には、その様子が詳しく描かれています。

覚りをひらいたお釈迦さまは、覚りの内容を誰に、どのように伝えたらよいのかと考えました。いや、自分の覚りの内容を人に伝えるなんてできないのではないか、とためらいもしました。古い仏典では、その時、インドの神々の一人である「梵天《ぼんてん》」が天からお釈迦さまに説法することを勧めたと説いています。マンガ『ブッダ』では、お釈迦さまの前に一頭の鹿が現われて衣のすそを引き、どこかいいところへ案内するようなしぐさをしたことになっています。

鹿にみちびかれるようにして歩き始めたお釈迦さまは、一人の修行者に出会います。彼はお釈迦さまに向かって「あなたはりっぱな行者らしいが、いったい誰に教えをうけたのですか？」と尋ねます。お釈迦さまは答えます。「わたしは仏陀《ぶっだ》という名です。誰の教えもうけず、誰の弟子でもない！　わたしはわたしひとり！　そして、わたしはいっさいの迷いに打ち勝っていっさいを覚ったのです」。その言葉を聞いた修行者は、「この男…そうとうホラをふくな…」と笑って去っていきました。

お釈迦さまは、さらに十日ほど歩きつづけ、ベナレスの町に近いサールナートというところにたどり着きました。サールナートには「鹿の住む園」と呼ばれる野原があって、そこは名のとおり野生鹿の楽園でした。ここは当時の宗教者の集会所のようなところだったといわれています。だから、仏陀となったお釈迦さまにとってここへ来ることは、自分の考えや思想を発表するのに、いちばん良い場所だったわけです。

五人の比丘との対面

ここでお釈迦さまは、かつて苦行を共にした五人の修行者と再会しました。五人は今までと様子がちがうお釈迦さまの姿をみて、一瞬ハッとしました。そしてそれぞれに「キミよ、よく来られました」「ゴータマよ、どうかしましたか」と近寄って話しかけました。

その時、お釈迦さまは「キミと呼ぶのはもうやめてもらおう。私はすでに正しい覚りをひらいて仏陀（目覚めた人）に成った。私はあなたたちを教えにきた。これからは仏陀と呼びなさい」と答えました。五人はびっくりしました。そしてとまどい、反発して言い返しました。「おまえは苦行がつらくて楽な道を選んだのだ。今さら何を言うのか。何を教えるのか」と。誰もいなくなった園で、お釈迦さまは一頭の鹿に向かって語りはじめました。やがて、そのまわりには鹿が群れをなして集まり、それにつられて五人の修行者たちも一人、二人と遠くで話を聞くようになりました。

以上は『ブッダ』という作品の内容を基にした話です。作者の手塚治虫さんの想像力はすばらしく、このような光景が目に浮かぶようです。

単にお釈迦さまを神秘的に拝んだり、かしこまったりするのではなく、「あなたのひらいた覚りとは何か」と疑問を突き詰め、納得のいくまで対話をする中で、ようやく仏陀と成ったその人、お釈迦さまに出遇いなおしたのが、五人の修行者でした。

五比丘の名前

五比丘といわれるようになった修行者たちの名前は、

・コンダンニャ　（憍陳如《きょうちんにょ》と音写し、了本際《りょうほんざい》と漢訳）

・アッサジ（馬勝《めしょう》と音写し、正願《しょうがん》と漢訳）
・ヴァッパ（婆沙波《ばさば》と音写し、正語《しょうご》と漢訳）
・マハーナーマ（摩訶男《まかなん》と音写し、大号《だいごう》と漢訳）
・バッディヤ（跋提《ばつだい》と音写し、仁賢《にんげん》と漢訳）

です。

お釈迦さまが誕生した時、父スッドーダナ王の求めで、王子の将来を占った八人のバラモンがいました。その中で「この王子は、必ずや尊い仏陀となられましょう」と予言したのが、コンダンニャであったと言われています。

その時のバラモンたちの子どもが、他の四人だそうです。スッドーダナ王は、お釈迦さまが出家した後、彼ら五人を選んで遠くから見守らせるようにしたと伝えられています。ですから初めは、王の命じるままに王子につき従う役目で、お釈迦さまと行動を共にしていたのです。そのうちに彼らも修行者となり、苦行をするようになります。

お釈迦さまが真剣に命がけの苦行をする姿を見た彼らは感動し、「あなたこそ本当の苦行者です。聖者です」と尊敬し、身のまわりの世話をするようになります。それだけに、お釈迦さまが苦行を捨てて去った時、彼らはとても失望しました。お釈迦さまを蔑《さげす》み離れていったのです。

初めて説かれた法

そのお釈迦さまが今、目の前に現われました。しかも「今までの私ではない、覚りをひらいて仏陀となったのだ。あなたたちを教えにきたのだ。私を仏陀と呼びなさい」と言うのです。かつて仕えていた人であり、共に修行した仲間として親しく話しかけ、大切に迎えてやったのに、この人は何と失礼なことを言うのかと。「ゴータマよ、あなたは苦行によって聖者になる道を捨てて、楽な道を選んだではないか。そんなあなたが覚りをひらいたなどと、どうして信じられますか」。彼らは驚き、反発しました。

お釈迦さまは答えて言いました。「私は苦行を止めることによって、真の覚りをひらいて仏陀となったのである。耳をかたむけよ。あなたがたに真実の法を語ろう」。

しかし、彼らはその言葉を疑い、三度同じ質問を繰り返しました。お釈迦さまは最後に言いました。

「あなた方は、私が前にもこのように言ったことがあると思うか」

「いいえ、それはありません」

「見よ。仏陀は楽な道を選んで貪《むさぼ》る者ではない。道を求める務めを捨てた者ではない。覚りをひらいたのである。耳をかたむけよ。真実の法を聞け」。

この時、コンダンニャたち五人に、お釈迦さまの言葉を心から聞こうという気持ちが初めて起こりました。お釈迦さまは語り始めました。

「出家者たちよ、ここに道を求める者が、避けなければならない二つの偏《かたよ》った道がある。欲望のままに快楽を求める生活と、いたずらに自分をさいなむ苦行の生活である。この二つの偏りをはなれて心の眼をひらき、覚りに導く道を、中道《ちゅうどう》という。

中道とは、八つの正しい見方と実践(八正道《はっしょうどう》)によって、生と死の苦しみの原因を知り、その苦悩から解き放たれていく道を自ら覚ることである。では、私たちの苦悩はどこから生じてくるのだろうか…。それは人間とは何か、この世のあらゆる存在や出来事との関わりとはどのようなものであるかについて、真実を知らないことから始まる。それを無明《むみょう》という。無明から迷いが起こり苦しみが始まる。これから、それを一つひとつ明らかにしていこう。それによって苦しみを克服する道が自ずと明らかになってくる…」

このような話を根気よく何度も説いていきました。五人もまた、よく理解するまで何度も質問をしました。それぞれに托鉢《たくはつ》に出かけるのを交代しながら、何日も議論が交わされていきました。

「わかった」ということ

ある日、コンダンニャが「わかった!」と叫びました。それを聞いてお釈迦さまも「コンダンニャは、わかった！」と叫びました。そうして彼には「わかった」という意味の「アンニャータ」という名前をつけました。それは、お釈迦さまの覚りと同じ内容を示すものであると言われます。

コンダンニャに続いて、四人もそれぞれに「わかった」と言いました。「わかった」五人と、お釈迦さまを合わせて「六人の尊敬すべき人」がこの世に現われました。

こうして、真実の法に目覚めた人が、縁《よ》って出会った五人に向かって全精力をあげて法を説き、それを聞くほうも、疑問の限りを尽くして真剣に耳をかたむけ、問答《もんどう》と対話がなされていくことによって法が伝えられたのです。

だからこそ、お経はすべて「如是我聞」（このように私は聞きました）という言葉で始まっています。

お釈迦さまによって説かれた法を聞いて頷《うなず》き、同じく覚りの心を起こして、目覚めた人になった最初の人々がコンダンニャたち、この五人なのです。

仏（ブッダ・目覚めた人）

法（ダルマ・真実の道理・教え）

僧（サンガ・目覚めた人々の集い）

この三つを尊んで「三宝《さんぼう》」といい、これを拠りどころとすることを三帰依《さんきえ》といいます。

ところで、「僧（サンガ）」に集う人々のことを「比丘」と言います。やがて五人の修行者たちも五比丘といわれるようになります。では、比丘とは一体どのような生き方をすることなのでしょうか。

沙門《しゃもん》と比丘

お釈迦さまが世に出られた紀元前五世紀のインドでは、沙門《しゃもん》といわれる修行者たちがたくさんいました。

彼ら沙門に共通していたのは、出家していたということでした。出家とは文字どおり家を出て、森や林の中で生活することです。それはボロ衣をまとい、托鉢をして食を乞《こ》い、一定の場所に住まず、薬もわずかしか持たないで、ひたすらに真実を求め自然の中で簡素に生きるという生活です。お釈迦さまも、この沙門の一人として出家し、沙門の一人として覚りをひらき、沙門の一人として教えを説いたのです。

ところで、仏陀となったお釈迦さまのもとに集う比丘とは、ビクシュの音写語で「托鉢によって生きる乞食《こつじき》の人」という意味があります。

比丘の仲間入りをした人には、まず身にまとうボロの衣と、街に出て歩きまわり、食べ物をいただく托鉢をするためのお鉢が、生活必需品として渡されます。この二つを持って生きることが仏弟子の条件であるので「托鉢を受ける」といいます。それはやがて、衣と鉢という形だけではなく、教えとしての法を伝えること、受け継ぐことを意味するようになりました。そこから今日でも、先の人の事業や教えを引き継ぐことを「衣鉢《いはつ》を継ぐ」という言い方で表したりします。比丘とは真実の教え、法を引き継ぐ者ということです。

「サンガ」のめざすもの ～自由な学校～

今では僧というと、仏教の僧侶、お坊さんのことだけをいう響きになってしまいましたが、もともと僧には「サンガ」という独特の響きがありました。比丘を中心にした仏弟子の集まりが、サンガです。ではサンガとは、いったい何をめざした活動であり、どのような意味を持ち、どのような役割を果たしていたのでしょうか。それは、お釈迦さまを教師とする、自由な学校を作る運動のようなものだったのです。

サンガは、お釈迦さまの教えを聞くために始まった森の中の小さな塾のようなものでした。それはやがて「サンガ」という名の人間解放の自由学校になっていきます。

サンガでは、当時の社会的な身分や、貧富の差を超えて、みんな平等であるということが貫《つらぬ》かれました。お釈迦さまは「いろいろな川があるが、みんなちがう。しかし、海に入ればみな同じ塩味になる。そのように、サンガに入ればみな平等なのだ。だからお互いをサンガの友として尊敬し合わなければならない」と教えました。差別を前提にした世の中にあって、サンガは、人間解放の学校を作っていく運動だったのです。

こうしてサンガは、六人の人たち、お釈迦さまと五比丘から始まり、やがてインド全体、アジア全体へ地下水のように染み込んでいきました。

お釈迦さまの説かれた法は、玄奘《げんじょう》という僧侶によってインドから中国へと伝えられていきました。その旅について描かれたのが、孫悟空《そんごくう》が登場する、有名な『西遊記《さいゆうき》』です。

同じように、お釈迦さまの教えをどうしても聞きたいという人々のサンガによって、お釈迦さまの言葉は風にのり、海を越えて、はるかに遠い世界にまで伝わっていきました。こうして今、私たちにも仏陀の願いを聞くチャンスが与えられているのです。

人類の歴史の中に流れている、差別と戦争のない、平等で平和な社会、本当に自由に、人と人とが出会って、共に生きていける世界を生きたい…というお釈迦さまの願いこそが、すべての人々、一人ひとりの魂の奥底に流れる悲願《ひがん》なのです。

インドのカースト制度

インドでは、身分や階級によって人を差別し支配している「カースト制度」という仕組みが、国によって作られました。その頂点に立つのがバラモンという、祀《まつ》りごとを司《つかさど》る僧侶です。その下にクシャトリア（王さまや貴族や武士たち）、ヴァイシャ（農民や商人、一般市民たち）、スードラ（上の人たちに奉仕させられている奴隷たち）と形成されているのがカースト社会でした。またさらに、その社会の外にはチャンダーラと呼ばれてさげすまれ、差別されている人々がいました。

階級の上の人たちはバラモンの教える宗教と、武力を持った政治によって、下の人たちを押さえつけ、従わせてきました。「カーストこそが伝統なのだ。これを守ることが、国を守ることなのだ」と。かれらは自分たち特権階級の者だけが入れる学校を作って、子どもたちを教育していました。

お釈迦さまは、このようなことに疑問をいだき、反発し、そして自らクシャトリアの身分を捨て、国を捨てて沙門となり、仏陀となったのでした。そして、仏陀のもとに集まって比丘となる人々は、カーストによる差別を一切認めませんでした。

もう一つ、サンガの果たした役割がありました。それは、出家し比丘となってサンガの友になることは、国の命令による兵隊にはならない、戦争で人殺しをしない、という意味がありました。戦争では、人をたくさん殺した兵隊が、国からほめられ、ほうびをもらいます。しかし、戦争に行きたくない者は、みな出家して、兵隊になることを否定したのです。

お釈迦さまがいちばん憎んだのが、人の世にある差別と、国が行う戦争でした。サンガはまさにそのようなお釈迦さまの願いをいのちとする、人間解放の自由学校でもあり、戦争に反対し、平和を訴えていくための砦《とりで》だったのです。

考えてみよう!

◆サンガの果たした役割とは何でしょうか。
◆国とサンガとでは、どこが違うのでしょうか。

七高僧①

龍樹菩薩《りゅうじゅぼさつ》

親鸞聖人は、『正信偈《しょうしんげ》』の中で、七人の高僧《こうそう》について述べておられます。その最初に述べられる龍樹菩薩《りゅうじゅぼさつ》は、今から一八〇〇年あまり前、南インドのビダルバというところでお生まれになりました。インド名は、ナーガールジュナといいます。

龍樹は幼いころからたいへん賢く、「将来はきっと偉《えら》い人になるに違いない」と言われ

聖教のことば

南天竺《なんてんじく》に、龍樹大士《りゅうじゅだいじ》世に出《い》でて、ことごとく、よく有無《うむ》の見を摧破《ざいは》せん。大乗無上の法を宣説《せんぜつ》し、歓喜地《かんぎじ》を証して、安楽に生ぜん、と。難行《なんぎょう》の陸路《ろくろ》、苦しきことを顕示《けんじ》して、易《い》行《ぎょう》の水道、楽しきことを信楽《しんぎょう》せしむ。

（『教行信証』行巻・真宗聖典二〇五頁）

ていました。

青年時代、仲の良い三人の友だちと共に、隠身《おんしん》の術を学びました。隠身の術とは、自分の姿が誰にもわからず、どこへでも自由に行けるという術です。龍樹たちは、いつの間にかこの術を、自分たちの欲望のままに、悪いことに使うようになっていきました。お城の中に忍び込んでは、いろいろいたずらをしていたのです。ところが、わからないと思って油断していたため、王さまに気づかれてしまいました。

たいへん怒った王さまは、隠身の術を見抜き、「あやしいものが、城の中に忍び込んでいる。すみずみまで探して殺してしまえ」と、家来たちに城門を閉じさせ、城内に砂をまかせました。さすがの隠身の術も、砂の上にできる足跡によって見つかってしまい、三人の友だちは殺されてしまいました。しかし、龍樹だけは素早く王さまの脇に身をひそめ、危うく難を逃れることができました。

命からがら城から出ることができた龍樹は、失った三人のことを思い出しながら、自分のしてきた過《あやま》ちを反省しました。「私は人よりたくさんのことを学んだ。それが良いことだと誇《ほこ》らしくもあった。最後には隠身の術を身につけることができた。しかし、人にわからないことを良いことに、悪いことをするようになって、挙げ句に三人の友まで失うことになってしまった。このまま自分の欲望だけ求める暮らしを続ければ、いずれ自分も命を失うかもしれない」と考えるようになりました。そこで出家してもう一度、一から出直す決心をしたのでした。

こうして、お釈迦《しゃか》さまの教えに聞く道を歩み出した龍樹は、とても真剣でした。たくさんの仏典を読破《どくは》し、インド中を旅して、いろいろな教えを説く人たちと出会い、議論をたたかわせました。そして、とうとう龍樹にかなう人はいないと言われるほどになりました。

ある時、龍樹は、ヒマラヤ山麓《さんろく》に住む老僧から、「お釈迦さまの教えは、どんな時、どんなところでも、どんな人であっても聞くことができる。その教えを信ずることが、だれもが本当の人生を歩むことができる〝大乗《だいじょう》〟の教えである」ということを教えられます。

龍樹は著作である『十住毘婆沙論《じゅうじゅうびばしゃろん》』の中でこう述べておられます。

「旅をするのには二通りの方法がある。一つには、険しい陸路を歩いていく方法である。これはとても辛く苦しい方法だ。もう一つは水の上を船で行く方法である。これは易《やさ》しく楽しいものである。覚《さと》りの道もまた、この二つの方法と同じようなもので、一つは自力道《じりきどう》といい、自分の力をたよりとしてはげむ道であり、これは厳しい修行によって完成することができる道である。もう一つは他力道《たりきどう》で、仏さまの教えを素直に聞くことによって、どんな人でもどんな境遇の中にあっても、仏さまの救いに遇い、心に喜びを感じ、本当の幸せを感じることのできる道である」

このように龍樹菩薩は、仏道とは仏さまに救われていく道、すなわち他力の道があることを顕《あきら》かにされ、勧めてくださったのでした。

〔龍樹（ナーガールジュナ）…二〜三世紀ごろ〕

考えてみよう!

◆龍樹菩薩が勧められた道とは、どのような道でしょうか。

七高僧②

天親菩薩《てんじんぼさつ》

聖教のことば

釈迦《しゃか》の教法《きょうぼう》おおけれど
天親菩薩《てんじんぼさつ》はねんごろに
煩悩《ぼんのう》成就のわれらには
弥陀《みだ》の弘誓《ぐぜい》をすすめしむ
安養浄土《じょうど》の荘厳《しょうごん》は
唯仏与仏《ゆいぶつよぶつ》の知見なり
究竟《くきょう》せること虚空《こくう》にして
広大にして辺際《へんざい》なし
本願力《りき》にあいぬれば
むなしくすぐるひとぞなき
功徳の宝海《ほうかい》みちみちて
煩悩《ぼんのう》の濁水《じょくしい》へだてなし

（『高僧和讃』・真宗聖典四九〇頁）

天親菩薩《てんじんぼさつ》は、世親《せしん》ともいいます。親鸞聖人が挙げられた七高僧の二人目の方で、およそ一六〇〇年ほど前に北インドに生まれました。インド名は、ヴァスバンドゥといいます。

天親は三人兄弟の真ん中で、幼いころより出家して仏さまの教えをまじめに学んでいました。その姿勢は、お釈迦《しゃか》さまの歩まれた道を同じく歩み、覚《さと》りをひらこうとしたものでした。そのため、そこから外れるものを、なかなか許すことができませんでした。これに対してお兄さんの無著《むじゃく》は、お釈迦さまの説かれた仏さまの教えを大切に考え、すべてのいのちが救われるという教えを大切にしていました。

天親には、こんなお話が残されています。お兄さんの無著は、弟の天親に、広い心ですべての人を等しく救うという仏さまの教えをどうか聞いてほしいと、常々考えていました。そこである時、使いを出し、弟子に「無著さまがご病気です」と伝えさせました。天親は驚いて、さっそく無著の元を訪ねました。しかし、元気そうな無著を見て、不思議に思いました。

「お兄さん、ご病気だと聞きましたが、どうされましたか」

「天親よ、私は心の病気なのだ。おまえのことが心配なのだ」

「どうしてですか。私は私でしっかり正しいと思うことを勉強していますのに」

「天親よ、おまえが思う考えを、かたくなに貫《つらぬ》くことも大事ではあるが、本当にお釈迦さまの教えを大切にすることになるのだろうか。すべてのいのちを救うことができるのだろうか…」

無著は天親に切々と話をしました。初め、天親はうるさいことを言うなと思っていましたが、次第に心が揺れ、ついには熱心に話をする無著の言葉に、うなずけるようになりました。

「お兄さん、私が間違っていました。私は今まで一生懸命勉強することで、お釈迦さまのようになるのだと独りよがりになっていたようです。まったく間違いでした。二度と間違いをおこさぬよう、この舌をかみ切ってお詫び申し上げます」

それを聞いた無著は、

「舌をかみ切っても、何の意味もないではないか。もし今までの考えが間違いだったと気づいたのなら、これからはすべてのいのちが救われる教えを勉強し、説き弘《ひろ》めなさい」

以後、天親は今まで以上に熱心に学びました。しかし、困難さを痛感するばかりでした。天親はこのような挫折《ざせつ》の中で、『仏説無量寿経《むりょうじゅきょう》』に出遇《であ》われました。自分の努力で何とかしようとするのではなくて、仏さまが願いとされた本願《ほんがん》に身をゆだねることが大切であり、そこにこそ、すべてのいのちが救われていく道があるのだ、と。

そこで天親は、『仏説無量寿経』の大切なところを『論』としてまとめられたのです。それが『浄土論《じょうどろん》』という著作となりました。

親鸞聖人《しんらんしょうにん》は、『正信偈《しょうしんげ》』の中で「天親菩薩造論説　帰命無碍光如来」と記して、天親が『浄土論』を書かれたことを表しておられます。そして、無碍光如来《むげこうにょらい》に帰命《きみょう》したてまつる、と。無碍光如来とは阿弥陀《あみだ》如来のことで、阿弥陀の本願を拠《よ》りどころとされた天親の姿勢を私たちに勧められています。

〔天親（ヴァスバンドゥ）…四〜五世紀ごろ〕

考えてみよう！

◆天親菩薩が自ら気づかれたことは何だったのでしょうか。

七高僧③

曇鸞大師《どんらんだいし》

聖教のことば

本師《ほんじ》、曇鸞《どんらん》は、梁《りょう》の天子　常に鸞《らん》のところに向こうて菩薩《ぼさつ》と礼したてまつる。三蔵流支《さんぞうるし》、浄教《じょうきょう》を授けしかば、仙経《せんぎょう》を焚焼《ぼんしょう》して楽邦《らくほう》に帰したまいき。

（『教行信証』行巻・真宗聖典二〇六頁）

今から一五〇〇年あまり前、中国は北部と南部の二つに分かれ、北部を北朝、南部を南朝と言っていました。

北朝に、北魏《ほくぎ》という国がありました。北魏には徳の高い有名な曇鸞大師《どんらんだいし》というお坊さんがおられました。文帝《ぶんてい》はこの曇鸞を「神鸞《しんらん》」と名づけて敬《うやま》い、教えを受けていました。北魏の人々だけでなく、南朝の梁《りょう》の国の人々からも慕われていました。梁の武帝は、仏教を信じ尊び、つねに曇鸞の教えを喜んでいました。武帝は、曇鸞の住む北の方角に向かって、いつも曇鸞菩薩と名を呼び、礼拝《らいはい》していたと言われています。親鸞聖人も、七高僧の一人として三人目に挙げて、曇鸞を敬っておられます。

曇鸞は、お釈迦さまが入滅されてから九五〇年ほど後、北部の雁門《がんもん》に生まれました。十五歳のころ、霊験《れいげん》あらたかな山として人々から尊ばれていた、近くの五台山《ごだいさん》に登って、その清らかな景色を眺めているうちに、人の心がとても汚れていることに気づき、出家を決意されました。

そのころの中国では、仏教が盛んでしたが、中でも三論宗という宗旨が最もよく知られていましたので、曇鸞もまた三論宗を学んでいました。ところが、『大集経』という六十巻もある経文を勉強されている途中、病気にかかってしまいます。曇鸞はこの時、五十歳を超えていました。

「こんなことでは、とても仏さまの教えを、すべて学ぶことはできない。なんとか長生不死の方法はないだろうか」と考えました。そこで、長生不死の法を教えてくれる仙人の陶《とう》弘景《こうけい》（陶隠居）が住んでいるという楊子江《ようすこう》の南の山奥に赴きました。やがて修行法と仙経《せんぎょう》十巻を伝授された曇鸞は、喜び勇んで帰ってきました。

その途中、洛陽という都まで来ると、インドからきている仏典を翻訳していることで有名な菩提流支《ぼだいるし》というお坊さまに、ちょうど出会いました。

曇鸞は、菩提流支に「仏さまの教えの中で、陶弘景仙人に伝授されたような、長生不死の方法はあるのでしょうか」と尋ねました。菩提流支はすぐに、「長生不死の法はありません」と厳しい口調で言い、「もっとよい法があります。これを勉強してみなさい」と、『観無《かんむ》量寿経《りょうじゅきょう》』という経典を勧めました。曇鸞は、この経典を読んで驚き、そして菩提流支に語りました。

「私が授かった仙経は長生不死の法といっても、しょせん人の命です。いつかは死なねばなりません。私は、死を恐れていました。けれども、この『観無量寿経』は、限りのない、いつまでも尽きることのないいのちである、と。もはや私は仙経もいりません。三論宗もいりません。私が本当に尽きないいのちを得るには、尊い仏さまのお心をいただき、包まれることであることを知りました」と言い、苦労して手に入れた仙経十巻すべてを、その場で焼き捨ててしまいました。

国に帰った曇鸞は、菩提流支によって翻訳された天親菩薩《てんじんぼさつ》の『浄土論《じょうどろん》』に註をつけるお仕事をしながら、念仏往生《ねんぶつおうじょう》の教えを伝えました。それが『浄土論註《じょうどろんちゅう》』という書物に伝えられています。

自分だけの力では、とうてい仏さまの教えの一部すらも納めることはできない。私自身が、阿弥陀如来《あみだにょらい》のお力を本当に信じて、念仏を申して生きることこそ、仏さまの教えにかなった大切な道であると、曇鸞は『浄土論註』で教えてくださったのでした。

曇鸞は、その後、玄忠寺《げんちゅうじ》に住み、さらにほど遠からぬ平遥《へいよう》の山寺に移りました。そこで〝いなかの人々〟に、その教えを伝え続け、五四二年に六十七歳で亡くなられました。北魏の文帝は、立派な墓所を築き、人々は、曇鸞が住んでおられた玄忠寺に碑《ひ》を建てて、その徳を慕ったのでした。

〔曇鸞（タンルァン）…四七六～五四二年〕

考えてみよう！

◆曇鸞が焼き捨てたものと、菩提流支に授かったものについて考えてみましょう。

◆玄忠寺碑文には、仙経を焼いたことなどが刻まれています。道綽の回心《えしん》に関係があるので、道綽禅師の項（七十二ページ）を参照してみてください。

七高僧④

道綽禅師《どうしゃくぜんじ》

聖教のことば

道綽《どうしゃく》、聖道《しょうどう》の証しがたきことを決して、ただ浄土《じょうど》の通入すべきことを明かす。万善の自《じ》力《りき》、勤修《ごんしゅ》を貶《へん》す。円満の徳号、専称を勧む。

（『教行信証』行巻・真宗聖典二〇六頁）

親鸞聖人《しんらんしょうにん》は、「七高僧」の四人目に、道綽禅師《どうしゃくぜんじ》を挙げておられます。道綽禅師は、今から一四五〇年ほど前、中国、北周の太原の近くで生まれました。曇鸞大師の没後二十年目にあたります。

北周の武帝は仏教を嫌い、仏教の教えを聞くものを厳しく迫害《はくがい》しました。そのころの中国は、南朝と北朝の二つに分かれ、その両朝がまた、それぞれいくつもの国に分かれて、お互いに戦争を繰り返していました。人々は家を失い、田畑を荒らされ、働き手をとられ、盗《とう》賊《ぞく》、殺戮《さつりく》が横行し、飢《う》えなどに苦しんでいました。人々は、その日その日を、なんとか暮していくのがやっとで、自分だけの幸せを考えるだけでした。

道綽は十四歳の時に出家してお坊さんになりましたが、このような世の中の乱れが出家のひとつの要因だったのです。しかし、一年で国が滅び、仏教者を迫害する廃仏《はいぶつ》の命令が全国に出され、お坊さんを辞めさせられました。

時代が変わり、再び出家をした道綽は、十年もの間『涅槃経《ねはんぎょう》』を学びました。温厚な性格と礼儀正しい道綽は、徳の高いお坊さんとして人々に敬われ、厳しい戒律《かいりつ》を守って修行を続けていました。道綽が、四十八歳になった年のある日、旅の途中で曇鸞大師のおられた玄忠寺《げんちゅうじ》というお寺に、たまたま立ち寄りました。そこに曇鸞大師の一生が記されてある石碑があるのを見つけました。石碑の前に立った道綽は、大師に直に遇ったような思いで、心ふるわせてその碑文を読みました。

「菩提流支《ぼだいるし》という人の教えによって、それまで学んでいた長生不死の仙経《せんぎょう》を焼き捨てて、浄土門に帰入《きにゅう》した」という碑文は、道綽の胸に大きな感動と共に、深く心に染み渡りました。

厳しい戒律を守りながら修行をすることによって、多くの人々から尊敬を集めていた道綽にとって、とても大きな衝撃でした。戒律や修行による仏教では、決して荒廃《こうはい》した時代の人々を救うことはできないことに思い至ったのです。

当時は、戦争や災害によって、人々が苦しんでいました。人々の心の灯とならねばならない仏教も、ある特別の人々だけのものとなっていました。本当の救いを求めている人たちは、生活に悩まされ、不安におののき、自分だけの幸せを無闇《むやみ》に求めているだけでした。

時は、末法《まっぽう》と言われる時代に入っていました。末法とは、お釈迦さまが亡くなられてから千五百年過ぎると、お釈迦さまの教えは残っているけれども、修行する人も、覚りをひらく人も一人も現われない時代です。

戦乱の世は、正に末法であることを示していました。しかし、その末法の世を生きる人々にこそ、仏さまの教えが届かなければならないのではないのか。戒律を守り修行するという聖道《しょうどう》の教えではなく、お念仏を称《とな》えるだけで浄土に生まれることができるという教えこそが、末法の人々を救う教えであると気づかれたのです。

碑文によって道綽は、浄土の教えである念仏の道を歩むことに身を投げ出されました。すべての人と共に歩める念仏の道に、真の喜びを見出された道綽は、この喜びを、悩み苦しんでいる人々に強く呼びかけられました。

道綽がこうして仏さまの教えを心の奥深く聞き開かれて、書き述べられた書物を『安楽《あんらく》集《しゅう》』といいます。

曇鸞を慕《した》って、その後玄中寺に住み続けた道綽は、八十四歳で亡くなるまで、近くの村の人々に仏さまの教えを伝え続けられました。

〔道綽（タオチュオ）…五六二～六四五年〕

考えてみよう！

◆道綽は曇鸞大師の碑文を読み、なぜ感動されたのでしょうか。

七高僧⑤

善導大師《ぜんどうだいし》

聖教のことば

善導《ぜんどう》独り、仏の正意《しょうい》を明かせり。定散《じょうさん》と逆悪とを矜哀《こうあい》して、光明名号《こうみょうみょうごう》、因縁を顕《あらわ》す。本願の大智海《だいちかい》に開入すれば、行者《ぎょうじゃ》、正《まさ》しく金剛《こんごう》心を受けしめ、慶喜《きょうき》の一念相応して後《のち》、韋提《いだい》と等しく三忍《さんにん》を獲《え》、すなわち法性《ほっしょう》の常楽を証せしむ、といえり。

（『教行信証』行巻・真宗聖典二〇七頁）

善導大師《ぜんどうだいし》は、今から一四〇〇年ほど前、中国の山東省に生まれました。十歳のころ出家され、『維摩経《ゆいまきょう》』や『法華経《ほっけきょう》』などを学ばれましたが、内容がとても難しく、お釈迦《しゃか》さまの正しい教えがなかなかわからず悩んでいました。

「お釈迦さまは、はたしてこんなにも難しいことを説かれたのだろうか。勉強できる人もできない人も、みんなが幸せになるというお釈迦さまの教えは、どうすればわかるのだろう」

そして、多くの優れたお坊さんを訪ねては、さまざまな教えを請《こ》いました。やがて二十九歳の時、道綽禅師《どうしゃくぜんじ》に出会い『観無量寿経《かんむりょうじゅきょう》』というお経を教えていただくことになります。そして、「ここに説かれている浄土の教えは、愚《おろ》かで罪の深い者のために説かれたものだ。その道は、私たちを救おうと誓われた阿弥陀如来《あみだにょらい》の本願《ほんがん》を信じ、その名を呼ぶこと、お念仏を称《とな》えることなのだ」と、その心をいただかれたのでした。

善導は、仏さまの教えに出遇《であ》い、『観無量寿経』の正しい意味とその心を伝えるために、『観経疏《かんぎょうしょ》』という本を記され、人々に伝えたのでした。こうして善導は六十九年の生涯を終えるまで、仏さまの教えを喜び、人々にお念仏の教えを伝えることに力を尽くされました。

善導は、お釈迦さまの教えを聞くということについて、次のようなお話をされました。

一人の旅人が、広い荒野をとぼとぼと西へ向かって歩いていました。すると、後ろから盗賊《とうぞく》や悪獣《あくじゅう》が追いかけてきました。旅人は、恐ろしさに震えながら、走って逃げましたが、間もなくして大きな河にぶつかってしまいました。その河は、南は火の河、北は水の河、その間を幅四、五寸ばかり(約一二、三〇センチ)の白く細い道が向こう岸に続いています。火は激しく燃え盛り道を覆《おお》い、水は荒々しく渦《うず》をまいています。これではとても渡れそうにありません。旅人の足は止まり、その場に立ちすくんでしまいました。背後からは、恐ろしい獣《けもの》や盗賊が迫《せま》ってきます。前へ進むことも、後ろへ退《しりぞ》くこともできなくなった旅人は、ただオロオロするばかりです。その時でした。ふいに向こう岸から、「旅人よ、恐れることなくその道を進んで来るがよい。かならず私が助けよう」という声が聞こえてきました。それだけではありません。今度はこちらの岸から声がして、「向こうの岸の声に従って渡りなさい。ただちに行くのです」と励《はげ》ますのです。旅人は、「来なさい」と呼ぶ声と、「行きなさい」と勧める声に力を得て、まっすぐに白い道を進みました。そして無事に向こう岸につくことができました。

(二河白道《にがびゃくどう》の譬《たと》え・真宗聖典二二九頁　意訳)

このお話の、火の河は人間の腹立ちや怒り、水の河は欲ばりの心。また、獣たちに追われるということは、私たちがいつも何かに追われ、安心することができないことを表しています。そして、向こうの岸の声は阿弥陀如来《あみだにょらい》、こちらの岸の声はお釈迦さま、白い道はお釈迎さまの教えを顕《あらわ》しているのです。

親鸞聖人《しんらんしょうにん》は、善導のこの二つの河の譬《たと》えによって比叡山での二十年間の苦行を捨て、吉水の法然上人《ほうねんしょうにん》のもとに行く決心をされ、お念仏の教えに出遇われます。このお話を聞かれた親鸞聖人は、この旅人とは他でもなく、まさしく親鸞聖人自身であるとして聞いていかれたのでしょう。

親鸞聖人は「七高僧」の五人目に、善導大師を挙げられました。

〔善導（シャンタオ）…六一三〜六八一年〕

考えてみよう！

◆『観無量寿経』に表される心とは、どのような心でしょうか。

◆二河白道の譬えの、二つの河は何を表しているのでしょうか。

七高僧⑥

源信僧都《げんしんそうず》

聖教のことば

源信《げんしん》、広く一代の教を開きて、ひとえに安養《あんにょう》に帰して、一切を勧む。専雑《せんぞう》の執心《しゅうしん》、浅深《せんじん》を判じて、報化二土、正《まさ》しく弁立《べんりゅう》せり。極重の悪人は、ただ仏を称すべし。我《われ》また、かの摂《せっ》取《しゅ》の中にあれども、煩悩、眼《まなこ》を障《さ》えて見たてまつらずといえども、大悲倦《ものう》きことなく、常に我を照したまう、といえり。

（『教行信証』行巻・真宗聖典二〇七頁）

ある日、一人のお坊さんが宮中に招《まね》かれて、『称讃浄土経《しょうさんじょうどきょう》』というお経についてお話しされました。立派に教えを説かれたそのお坊さんは、宮中から、お礼に高価な絹や織物をもらいました。お坊さんは、国にいる母親に、このことを喜んでもらいたいと思い、もらった品々を使いの者に届けさせました。

ところが、意外にも母親は、手紙を添えてその贈り物を送り返し、「今のおまえのように、立派なところへ行って、このような高価な贈り物を受け取ることは、私の望みではありません。一人息子のおまえを出家させたのは、静かに修行をつんで、名もない大勢の人たちが幸せになれる道を説いてほしかったからです」と言ってこられたのです。手紙を読んだお坊さんは、自分の思い違いを恥ずかしく思い、それからは心をあらためて修行に励みました。そのお坊さんは、源信という名前でした。

源信僧都は、今からおよそ一〇七〇年ほど前、奈良県葛城山《かつらぎさん》のふもと、当麻《とうま》の里に生まれました。父親は、源信が七歳の時に亡くなってしまいました。後に残ったのは、母親と姉妹ばかりで、男の子は源信一人でした。母親はとても信仰の篤《あつ》い人で、源信には出家して立派なお坊さんになり、世の中の人々が、みんな幸せになれる教えを説いてくれるようにと願いました。源信が十三歳の時、母親は源信を京都の比叡山に送って、良源というえらいお坊さんの弟子にしてもらいました。そのころ比叡山には、大勢のお坊さんが住んでいたのですが、中には、僧兵といって、衣を着ていながら、刀やなぎなたを持った人たちが、争いごとを起こしたりしていました。

このありさまを見た源信は、人の大勢集まるところや、争いごとを避けようと、比叡山の中でも、いちばん奥深くて静かな、横川《よかわ》というところに住み、一生懸命修行にはげみ、たくさんのお経を読みました。二十歳をすぎるころには、修行僧の中でも学問に優《すぐ》れたお坊さんだといううわさが、都までも聞こえるほどでした。都に住む人々は一度、源信に会い、その教えを聞きたいと思っていました。

当時、都は公家たちが大きな屋敷に住み、美しい着物を着飾って、歌や舞にふけってい る一方、街では、陽が照りつけるほこりっぽい大路に、米俵や野菜などをつんだ重い荷車を、汗びっしょりになって引く人たちや、家も仕事もなく、行き倒れになった人たちの亡《なき》骸《がら》が道端にころがっているのでした。

人間の世界には、このように豊かな人や貧しい人との差別があり、また人が生きている限りは、貧富の別なく、災難や病気、怒りや妬《ねた》む心など、誰もがこの苦悩から抜け出すことができない。この苦しみの世の中にこそ、仏さまの教えが本当に大切である、ということに気づいた源信は、世の人々のために『往生要集《おうじょうようしゅう》』を書かれました。『往生要集』は、人間が作るこの世の苦しみの姿を、恐ろしい地獄絵で表し、この苦しみの姿を離れて、人々と共に生きることのできる浄土は、仏さまの教えを聞いていく以外にはないと教えています。

苦しみを離れ、迷いの世界から逃れようとして、ある人は、山にこもって修行します。そして、心を静め、身を鍛えることによって、人間の苦悩を克服しようとします。しかし、それはほとんど不可能と言ってもよいのです。ですから私たちには、ただ一つ、仏さまの教えをよく聞き、その慈悲《じひ》と光におまかせするより他はないのです。そして、自分の本当の姿をよく見つめ、よく知り、ありのままの自分を生きるのです。そんな生活をしている人を、念仏者といいます。

源信が『往生要集』を書き終えたころ、すでに母親は亡くなっていました。源信は、この本をどんなに母親に読んでもらいたかったことでしょう。しかし、「すべての人々が幸せになる教えを説いてください」と言われた母親の願いを想い、その言葉を忘れずにはげまれた源信の努力は結ばれ、世の多くの人々に、共に生きる世界を伝えました。

親鸞聖人は、この『往生要集』を読み、源信僧都の説かれた念仏の道を、さらに深く見極められて、私たちのために残してくださったのです。親鸞聖人は、「七高僧」の六人目として、源信僧都を慕われました。

〔源信（恵心《えしん》）…九四二～一〇一七年〕

考えてみよう！

◆地獄とはどのような世界なのでしょうか。
◆源信僧都はなぜ地獄を説かれたのでしょうか。

七高僧⑦
法然上人《ほうねんしょうにん》
（法然房源空《げんくう》）

聖教のことば

本師《ほんじ》・源空は、仏教に明らかにして、善悪の凡夫人《ぼんぶにん》を憐愍《れんみん》せしむ。真宗の教証、片州《へんしゅう》に興《おこ》す。選択《せんじゃく》本願、悪世に弘《ひろ》む。生死輪転《しょうじりんでん》の家に還来《かえ》ることは、決するに疑情をもって所止とす。速やかに寂静無為《じゃくじょうむい》の楽《みやこ》に入《い》ることは、必ず信心《しんじん》をもって能入とす、といえり。

（『教行信証』行巻・真宗聖典二〇七頁）

その時代

日本の平安時代末期から鎌倉時代は、十二世紀から十四世紀ごろです。この時代には、世の中のありさまや、物の見方や考え方が大きく変化しました。それまでの仏教は、国の安全を祈ることを目的としていましたが、戦乱や飢饉《ききん》で、それが役に立たなかったことが明らかになり、新たに民衆のための仏教がおこりました。

しかも、天変地異《てんぺんちい》といって、気候も激しく変化していました。日照り続きで雨が降らず、地震がおこり、米や野菜がみんな枯れていきます。悪い病気も流行っていました。また、戦争で武士たちは民衆を巻き込んで殺し合い、田や畑を荒らし回ります。人々の暮らしは貧しく、疲れきっていました。貴族や武士よりも身分が低いとされている人々は、虫けらや石ころのように扱われ、殺され、捨てられ、忘れられていく、というありさまでした。

この時代に生まれ、このような社会を生き抜いた人々の中から、法然《ほうねん》・親鸞《しんらん》・日蓮《にちれん》・道元《どうげん》・一遍《いっぺん》という、民衆のための仏教の灯を掲げた人々が現れ出ました。

法然と親鸞

法然房源空、のちに法然上人と呼ばれて慕《した》われたこの人は、このような時代に生きて、世の人々に念仏を勧め勇気づけた人です。念仏とは「南無阿弥陀仏《なむあみだぶつ》」を称《とな》えて、浄土へ生まれる」ということです。親鸞は、法然の数多い弟子の中の一人でした。二人が出遇《であ》ったのは、一二〇一(建仁元)年のことでした。親鸞はまだ二十九歳の若者でしたが、法然はすでに六十九歳になっていました。以来、二人は念仏によって結ばれ、念仏することを妨げる大きな事件をとおして、一層深く信じ合っていったのです。

吉水の地で

京都の東山の中腹に、吉水というところがあります。よく澄んだ清水がこんこんと湧き出たことから「吉水」という名前がつけられました。

法然は、その吉水に小さな庵《いおり》（住みか）を建てて、まるで清らかな水が湧き出るかのように、人々に語りかけていました。

法然は、なぜ自ら念仏を称え、人々にも勧めるようになったのでしょうか。いったい念仏とは何でしょう。「南無阿弥陀仏」と口ずさむことの中にどんな力、どんな働きがあるのでしょう。それを知るために、法然の生い立ちを知っておく必要があります。

生い立ち

法然は、一一三三（長承二）年、美作国《みまさかこく》・稲岡というところで生まれました。今の岡山県の岡山市と津山市の間です。父は漆間時国《うるまときくに》という武士で、その一人息子として、勢至丸《せいしまる》と名づけられました。

勢至丸が九歳の時、武士同士の争いで父は殺されてしまったのです。夜中、急に襲われ、倒れた父・時国は、勢至丸と母を枕もとに座らせて、最期《さいご》の言葉を遺しました。

「おまえは私のために敵討《かたきう》ちをしてはならない。敵を憎み、殺したら、相手の子どもがまたおまえを憎み敵討ちをする。いつまでも殺し合いが続き、恨みは消えない。どうか人を憎まないで、仏さまの弟子になっておくれ。そうして本当に人を愛し、敵も救われる道を求めて、私の真心に応えてほしい」

勢至丸は父の言葉どおり出家して山寺に身を隠し、僧になりました。やがて十五歳になった勢至丸は、仏さまの教えをもっと勉強し、身につけるために、京都の比叡山・延暦寺で修行を始めます。初めのころは、持法房源光《じほうぼうげんこう》という人を先生として学んでいました。

しかし、十八歳のころ勢至丸は、山の僧たちが、めいめい自分勝手に仏教を理解していることが気になりました。また、僧であることをいいことにしてお金を集めたり、世の中を騒がせ、人を脅かすようなことばかりしているありさまを、おかしいと思いました。そこで比叡山の谷深く、西塔・黒谷《くろだに》というところで、ひっそりと暮らして道を求めている叡《え》空《くう》という聖《ひじり》を訪ねて、教えを請《こ》いました。その時、叡空から「法然房源空」という名前をつけてもらいました。

聖というのは、立派な位についた僧のことではありません。町の中で貧しい暮らしに疲れ、仏さまの教えも聞いたことがない人たちと一緒に暮らしながら、念仏を勧めていた人たちのことを聖といいました。空也聖《くうやひじり》という人は踊ったり、うたったり、鉦《かね》を叩いたりしながら念仏を称えて旅をしていました。貴族や武士からお金をたくさんもらって、まじないをしたり、祈ったりはしませんでした。

法然は、身分も地位も捨てて聖になりたい、と思っていたようです。しかし一方では、もっともっと学問し、修行して知らなければならないことがある、とも考えて悩んでいました。そのため、黒谷で仏教のすべての経典を何度も読もうとしたのです。

悩みと祈り

一一五六(保元元)年、二十四歳の法然は、嵯峨・清涼寺の釈迦堂に七日間お参りをするため、はじめて比叡山を降りて京の都に入りました。釈迦堂で法然は不思議な様子を見ました。僧だけでなく、男の人、女の人、老人、子ども、お供を連れた貴族、武士、商人、お百姓など、いろんな人々がお参りに来るのです。さまざまな人々が、お堂の中に立つお釈迦さまの像の前に座り、拝み、悩みを訴え、「助けてください」と願って祈っていたのです。こんなに真剣な人の姿を見たことがありませんでした。いったい、自分は今まで山で何を修行し、学んできたのだろうと、法然は驚きました。そして、仏さまの教えは、お寺や僧の間だけで求めていてもわからないということを考え始めたのです。

そこで、今度こそ、もう一度勉強をし直そう、仏さまの本当の心を訪ねてみよう、と決心しました。京都だけでなく奈良にも立派な学者、僧たちがいるので、その人たちにも会いに行きました。町では念仏の聖にも会ったかもしれません。

こうして、約十七年間、法然の勉学は続きました。この間、法然がいちばん熱心に読んだのは、源信《げんしん》の書いた『往生要集《おうじょうようしゅう》』という本だと言われています。『往生要集』には、楽しみ極まりのない浄土の世界が、「浄土へ生まれよう。念仏を称えよう」と勧められ、まるで絵物語のように生き生きと書かれていました。

浄土念仏との出遇い

法然は「浄土」を説いたお経をくり返しくり返し読むようになりました。さらに、このお経を詳しく解釈した中国の善導大師《ぜんどうだいし》という人の『観経疏《かんぎょうしょ》』という本を熱心に読みました。その本の中で、法然は、はじめて心が震えるような言葉にめぐり合ったのです。

「ひたすらに阿弥陀《あみだ》の名を称え、寝ていても起きていても、いつでもどこでも忘れないようにするのが本当の生き方です。阿弥陀の名を称えるお念仏こそが、浄土に生まれさせたいという仏さまの願いに目覚めて、仏さまについていくことだからです」

この言葉に出遇った法然は、「今まで私は自分の願いを仏さまに押しつけ、立派な僧になって人々を教えてやろうとばかり考えてきた。しかし、そうではなかった。もっと大きな願い、もっと広く深い清らかな願いが私にかけられていたのだ。その仏さまの真心を信じ、仏さまの名を称えることがお念仏だったのだ。お念仏することで、すべての人は浄土へ生まれるのだ。必ず浄土で救われるという阿弥陀さまの誓いがあるからこそ、男も女も、学問のある人もない人も、仕事に追われて修行なんかとてもできない人も、貧しい人も金持ちも、大人も子どもも…すべての人が差別なく平等に救われる道があるのだ」と、阿弥陀の願いの深さに目覚め、お念仏の道を歩む決心をされます。

こうして法然は「浄土宗」をひらき、すべての人々に捧げたのでした。時に一一七五（安元元）年、四十三歳の時でした。

そして法然は、「昔、お釈迦《しゃか》さまが後の世の人のために言われたとおり、今の世は、乱れに乱れて人の心も濁《にご》っている。何が真実で、何が嘘や偽りなのかが、わからなくなっている」と思い至るのでした。

仏さまの本心を訪ねる僧もいない時代のことを、「末法《まっぽう》の世」といいます。だからこそ、私たちは自分の力で仏の覚りをひらこうとしたり、偉くなって人を導こうとしてしまいます。そういう考えを「聖道門《しょうどうもん》」といい、難行道《なんぎょうどう》といいます。それに対し法然は、誰でも称えることのできるお念仏の教え、浄土門・易行道こそ、仏さまの考えの中心に違いないと、考えられたのです。

法然上人を慕う人々

それからというもの、法然は京都の吉水に移り住んで念仏の教えを伝え始めました。法然上人という方がおられる。仏さまの本願の前にはみな平等だ。どんな愚《おろ》かな者でも、どんなに罪深い人でもみな救われると説いて、念仏を勧めていらっしゃる…。

京の町に、口伝えに噂が広まり、法然を訪ねる人が増えていきました。法然もまた、「念仏の教えを聞かせてください」という人があれば、どこまでも出かけて話をしました。その人が、貴族でも、武士でも、男でも女でも、盗賊でも、あらゆる人々が念仏の教えにふれて、「生まれてきてよかった」「生きていてよかった」と、喜びを得ていました。

中には奈良のお寺をことごとく焼きはらった、平重衡《たいらのしげひら》もいました。重衡は、源平一ノ谷合戦(一一八四(寿永三)年)で敗れて生け捕りにされ、首を斬られるという時に、ひとめ法然上人に会いたいと懇願《こんがん》しました。そこで、法然が会いに行くと、重衡は「寺を焼き、僧を殺した私のような悪人でも、仏さまに救われるのでしょうか」と涙を流して尋ねました。

法然は、「念仏を申しなさい。どんなに悪人といわれる人でも、仏さまを信ずれば浄土へ往《おう》生《じょう》できます。寝ても覚めても一心に南無阿弥陀仏と称えることです」。

また、九条兼実《くじょうかねざね》という大臣は、法然をたいへん尊敬していました。ある時、念仏の教えを本に書いてくださいと法然に願い出ました。そして一一九八（建久九）年、法然六十六歳の時に著《あら》わされたのが『選択本願念仏集《せんじゃくほんがんねんぶつしゅう》』という書物です。

法難《ほうなん》——念仏をやめさせろ

こうして法然を慕う人が増えてくると、快く思わない人々が出てきました。比叡山や奈良の僧たちです。「わかりやすく、保ちやすい念仏だとして、誰でも称えられては仏教の値打ちがさがる」というのです。「法然の弟子たちはとんでもない悪いことをした」という噂を流して、法然のもとに集まった人々をおとしいれようとしました。僧たちは、後鳥羽上皇に「念仏停止《ちょうじ》」の命令を出させました。

法然の弟子たちは次々捕らえられ、きびしい拷問《ごうもん》が加えられ、とうとう死刑にされる者まで出ました。

一二〇七（承元元）年、ついに法然が京都を追放されることになりました。この時七十五歳の法然は、僧の身分を取り上げられて、藤井元彦という俗名をつけられ、土佐の国、今の高知県に流罪《るざい》にされました。しかし、法然は少しも騒がず、「流刑《るけい》を恨みには思いません。かえって田舎の人たちに念仏を広める、いい機会です」と弟子たちに告げたのでした。親鸞はこの時、三十五歳でした。法然の弟子になって六年目の出来事でした。親鸞も越後《えちご》の国、今の新潟県に流罪となったのです。

最期の言葉

その年の暮れに法然の罪は許されましたが、法然は、あちこちで念仏の教えを広めながら、五年後に京都へ戻ります。

そして、翌年、一二一二（建暦二）年の一月二十五日、八十歳で静かに生涯を閉じられたのでした。法然は亡くなる前に、『一枚起請文《いちまいきしょうもん》』という最期の言葉を遺《のこ》しました。短いその文章には、「念仏というのは、仏さまの姿を心に思ってみようとしたり、難しい言葉で説明してわからせようとすることではありません。極楽浄土《ごくらくじょうど》に生まれるには、ただ南無阿弥陀仏と申すことのほかには何もいらないのです。それが、すべての人々を平等に救うと誓った仏さまの本願を信ずる念仏なのです。仏さまの本願を信ずる人は学問に頼らず、愚かな人間にかえって、ただひたすら念仏を称えることが大切です」と記されています（『一枚起請文』・真宗聖典九六二頁　意訳）。

親鸞は、法然を一生のあいだ自分の師として敬い、本願念仏の教えを明らかにされたことを深く感謝しました。だから、インド、中国、日本と念仏の教えを伝えてこられた七人の高僧たちを讃える『正信偈』の一番最後に、最も身近な方として、その徳を讃えておられます。

考えてみよう！

◆法然の説かれたお念仏の教えは、なぜ止めさせられることになったのでしょうか。
◆お寺の内陣《ないじん》に掲げられている「七高僧の図」を見てみましょう。

聖徳太子《しょうとくたいし》

聖教のことば

和国《わこく》の教主聖徳皇《しょうとくおう》
広大恩徳《おんどく》謝しがたし
一心に帰命《きみょう》したてまつり
奉讃《ほうさん》不退ならしめよ

（『正像末和讃』・真宗聖典五〇八頁）

伝説

伝説は、必ずしも事実を事実として正しく伝えているとは言えません。しかし、その伝説の形をとってまで語り継がれてきたところには、意味があったはずです。

聖徳太子《しょうとくたいし》に関しての伝説は、数多く伝えられています。例えば、一度に何人もの話を同時に聞き分けられたとか、観音《かんのん》さまが衆生《しゅじょう》を救うため仮に人間の姿をとって現われた人であったなどの伝説が残っています。太子にまつわる数々の伝説も、ただ太子の偉大さを伝えるだけでなく、その底には太子の名において、名も無き人々の深い願いが、時代を超え、脈々と受け継がれてきたのでした。

中でも、私たちにとって特に大切なことは、親鸞聖人が、お釈迦《しゃか》さまを「天竺《てんじく》(インド)の教主世尊《きょうしゅせそん》」と敬われ、そして、太子を「和国《わこく》(日本)の教主《きょうしゅ》」と敬っておられることです。親鸞聖人にとって、太子とはいかなる方であったのか。そのことをふまえ、太子について少し尋ねてみましょう。

太子とその時代

太子は、本当のお名前を厩戸皇子《うまやどのみこ》とおっしゃいましたが、後の世では、その徳を讃え、敬うために、聖徳太子と呼ばれ、慕われてきました。

太子は、女帝・推古《すいこ》天皇の摂政《せっしょう》として国の政治の場に立たれました。身分によらず、その人の能力に応じた仕事を与える「冠位十二階」という制度を作られ、外交面でも、当時の外国の進んだ文化をとり入れるため遣隋使《けんずいし》を送るなど、さまざまな政治改革を試みました。そして、日本の国に仏教を広めるため、数多くの寺院を建て、仏教のこころに基づいた、日本で最初の憲法である「十七条憲法」を作られました。

一見、理想実現に向かって華やかに歩んでいるように見える政治の世界も、その内側は人間の怒りや憎しみ、駆け引きや陰謀《いんぼう》に満ちあふれたところでもあるのです。太子の少年時代は、血の繋がった者同士までが殺し合うという、悲惨な権力の座をめぐる戦乱の中にありました。もちろん、太子自身も、争いの外にいたのではなく、時には剣をとって戦場に赴かれたこともありました。

こうした時代に生きた太子が、たとえ善い政治を行ったからとはいえ、今日もなお、慕われ敬われているのは、なぜなのでしょう。

太子と大乗《だいじょう》菩薩道

何かに傷つき、悩み、出口も見つからないほど深い迷いにとらわれた時、出発点に立ち返ることで、解決の糸口が見つかることがあります。日本という国に暮らす私たちにとって、いつでも帰っていける出発点は、同時に私たちの安らぎの場であり、そこで傷をいやし、また立ち上がっていける力を与えられる場でもあります。そうした場として開かれてきたのが、太子によって明らかにされてきた「大乗《だいじょう》菩薩道」の歩みなのです。

では、このように、いわば日本人のこころの原点ともいえる「大乗菩薩道」とは、どういうものなのでしょうか。

奈良の法隆寺にある玉虫《たまむし》の厨子《ずし》の台座には、「施身聞偈《せしんもんげ》」「捨身飢虎《しゃしんきこ》」と呼ばれる、お釈迦さまの前世における物語の絵が描かれています。

「施身聞偈」は、鬼に化けた帝釈天《たいしゃくてん》という神から、「私たちの住むこの世界は、すべて仮のものであり、常に変化し続け、生まれたり死んだりのくり返しにすぎない。この生死の世界を超えたところにこそ、迷いが消えた真実の仏の世界があるのだ」という、正しい覚りの言葉を聞き出すために、雪山に入った一人の修行者が、自らの身体を、鬼に与えようとしたというお話です。

「捨身飢虎」とは、飢えのために死にかけていた母虎と七匹の子虎のために、ある王子が、その身を崖の上から投げ出し食べさせ、迷いのない涅槃《ねはん》の世界を求めたお話です。

どちらの話も菩薩の修行の厳しさを感じさせるもので、この修行法を布施行《ふせぎょう》といいます。この布施行が、太子の言われる「大乗菩薩道」の基本であり、太子自身が歩まれた道でもありました。

布施行

どうして、彼らは鬼に自らの身体を与えたり、飢えた虎に自分の体を食べさせたりできたのでしょうか。何かとても恐ろしく、また愚《おろ》かなことにも思えます。たった一つの尊いいのちを粗末にしているようにも見えるかもしれません。しかし、この二つのお話は、実は私たちいのちを生きるものにとって、とても大事なことを教えてくれています。

さて、私たちの毎日の生活をふり返ってみてどうでしょうか。他を犠牲にしながら、いつでも自分自身の助かることのみを求めて生きるか、あるいは、自分を犠牲にして他を助けるか、どちらかの選びをくり返し、その中で生きているのが現実ではないでしょうか。

特に、競争社会といわれる現代社会においては、他を犠牲にしてでも、自分が人より上の方へ行くことが強調されているのではないでしょうか。しかし、「大乗菩薩道」に立つならば、そのどちらも真実から遠ざかっているとしか言えないのです。なぜかと言えば、「大乗菩薩道」においては、常に、共に助かっていくことが大切なのだと言われるからです。どちらか一方が傷つき、我慢する、また、どちらか一方が救われて得をするというなら、それは正しい布施行とは言えないからです。

では、正しい布施行、常に共に救われるということが本当に成り立つのでしょうか。

太子は私たちに、仏・法・僧の三宝《さんぼう》に帰依《きえ》することの大切さを説いておられます。

真実の道を人生のうえに開いていきたいという願いを共にする時、互いに傷つけ合うことしかできないという自分が初めて知らされ、それぞれ別のいのちを生きながらも、共に生きる世界がひらかれると言われるのです。それは、「南無」と「三宝」を念ずる時、〝いつでも、どこでも、だれの上にも〝成り立つことなのだと、太子は仏の心をいただかれたのです。

和国の教主

太子によってひらかれたこの仏の願いは、歴史の表面には出てこなくても、その後、太子の名において伝えられ、私たちを導き、励まし続けています。そのことに深くうなずかれ、「南無阿弥陀仏」というお念仏として、私たちの上にはっきりと示してくださったのが親鸞聖人《しんらんしょうにん》です。親鸞聖人は、深い迷いに執われた時、太子を想い、その歩むべき道を見出してこられたのでしょう。そんな親鸞聖人の感謝の心が、太子和讃《わさん》として残されています。

〔聖徳太子…五七四〜六二二年〕

考えてみよう！

◆布施行とはどのようなことでしょうか。

◆お寺の本堂に掲げられている「聖徳太子像」を見てみましょう。

親鸞聖人《しんらんしょうにん》

聖教のことば

おのおの十余《じゅうよ》か国《こく》のさかいをこえて、身命《しんみょう》をかえりみずして、たずねきたらしめたまう御《おん》こころざし、ひとえに往生極楽のみちをといきかんがためなり。

（『歎異抄』・真宗聖典六二六頁）

親鸞《しんらん》の道しるべ

「人間は仏の名のもと、すべて平等である」ということを、その九十年の生涯をあげて明らかにした人がいました。今からおよそ八〇〇年前のことです。

その人の名は、親鸞《しんらん》といいます。

親鸞は、鎌倉時代の人です。幼いころに出家し、比叡山で学問と修行に励みましたが、二十九歳で山を降りて、法然《ほうねん》という師に出遇《であ》います。法然は暗闇でたいまつをかかげた人でした。そのたいまつとは念仏のことです。それは、あらゆるいのちあるものに願いをかけている仏を信じてその名を称えることです。念仏は、人々の心の闇を照らす灯火となりました。

親鸞は、そのたいまつに導かれて世の暗闇に入っていきました。そして闇の中で、じっと目をこらして、闇の底でかすかに光る人間のそばに寄りそって生きようとしました。大地に生き、海や山や河で暮らす人々の、心の奥に流れる深い祈りに耳を澄まし、そこに仏の願いを聞き続けました。

親鸞は、法然から受けついだ願いを記憶し、さらにみずから考えぬいて深く受けとめ、いくつもの本を書きました。その中に、『正信偈《しょうしんげ》』という、念仏の真実とその歴史を今に伝えている偈文《げもん》(詩)があります。また、親鸞のそばにいて、師の言葉をひたすらに聞きとった弟子たちがいました。そのひとり、唯円《ゆいえん》が親鸞の言葉のはしばしを書き集めた本に、『歎《たん》異抄《にしょう》』があります。

これらの本には、人間が職業や男女、年齢などの違いによって差別されている現実を超えていく平等の思想が明らかにされています。

その親鸞の生涯と歩み、教えは、現代に生きる私たちの確かな道しるべです。

誕生と出家

親鸞は、一一七三(承安三)年、京都で生まれました。

父は日野有範《ひのありのり》という貴族とされていますが、どんな人物であったのかは、ほとんどわかっていません。親鸞が四歳の時に父は出家して別れてしまったといわれます。母親のことは、もっとわかりませんが、八歳の時に死に別れたと伝えられています。

親鸞は九歳で出家しました。出家とは、家を出て、仏門に入ることです。京都にある青蓮院《しょうれんいん》で、天台宗の座主である慈円《じえん》の許しを得て、僧侶になるため得度《とくど》の儀式を受けたといわれます。

親鸞はなぜ出家しようとしたのでしょうか。幼い親鸞に道を求める心が芽ばえたのは、両親と早く別れたことへの悲しみがあったからでしょう。あるいは、戦乱の世の中で、大飢饉におそわれて餓死《がし》していく人々が大勢いました。出家して比叡山の寺に身をおいて生きのびていけるようにという周りの想いもあったのかもしれません。しかし、親鸞は自分の過去については、ほとんど何も語ってはいません。こうして比叡山での暮らしが始まりました。

比叡山での暮らし

親鸞が十二歳から十三歳のころ、源氏と平家との戦争が、ひときわ激しくなっていました。一ノ谷の合戦に続く、四国の屋島や、山口県の壇ノ浦での戦いで、平家一族はことごとく滅びました。

やがて琵琶法師によって語りつがれる『平家物語』によって、親鸞はそのありさまを人伝えに聞いていたことでしょう。もしかしたら、京都の街のどこかで、源義経や武蔵坊弁慶ともすれちがっていたかもしれません。殺されて道ばたや川岸に捨てられたままにされて、腐っていく武士たちの死骸も目の当たりにしたに違いありません。そして、戦争で田畑を荒らされ、山林にかくれ、耕作も収穫もできずに、貧しい暮らしをさせられていた人々の姿も目にしたことでしょう。

比叡山の延暦寺《えんりゃくじ》は、仏教を学び、さまざまな修行をする道場で、国のために役立つ人間を育てる学校でもありました。若いころの親鸞は、比叡山でどのような生活をしていたのでしょうか。今日わかっていることは、「堂僧《どうそう》」をしていたということです。堂僧とは、常行《じょうぎょう》三昧堂《さんまいどう》という所に住み、お堂を守り、一心不乱に念仏を唱え続ける修行をする者のことです。

これは想像にすぎませんが、十五歳を過ぎた親鸞にも〝性への目覚め〟があったことでしょう。性への目覚め―それは子どもから大人になってゆく時に誰もが経験します。何か自分がとても汚れた心や身体であるかのように思い悩み始めたりもします。

それと共に、誰かを好きになり、心がどきどきしたり、切なくなることもあります。誰かを愛した時、その人とずっと一緒にいたいと強く願う、その自然な感情が「性」です。性は人と人を結びつける大きな力を持ち、人類が存在する源です。親鸞は性への目覚めと同時に、師匠や先輩たちから厳しい「戒律《かいりつ》」を教えられていたことを思い出します。

仏教徒には、仏教徒の生活規範となるいくつもの「戒律」があります。その最も基本が「五戒」という戒《いまし》めです。「生き物を殺してはならない。盗んではならない。性行為にふけってはならない。ウソをついてはならない。酒を飲んではならない」というものです。若い僧侶にとってとりわけ苦しいのが、三番目の戒律です。つまり、僧侶は結婚してはならないからです。

親鸞は、まじめにそれを守りぬこうとしたことでしょう。それでも、さまざまな欲望が湧き起こり、それと戦いながらも負けてしまった時、いいようのない無力感と罪悪感にさいなまれます。

死への不安

死への不安も、ふと湧き起こります。

時おり夢に見る、亡き母の面影から、一人ぼっちの孤独感がいっそう募ってきます。どうして母親は、自分を置いて死んでしまったのか。私もいつか、急に死ぬのか。死ねばどうなるのか。地獄や極楽は本当にあるのか。死を恐れるこの心をどうすればよいのか。修行をしっかりしておれば克服できるのだろうか。

親鸞は、そんな得体の知れない不安や不満を抱えて、あちこちの聖地にお参りをし始めます。十九歳の時、大阪の河内《かわち》、磯長《しなが》にある聖徳太子の廟である叡福寺《えいふくじ》にお参りしたおり見た夢に、聖徳太子が現われて、「おまえの命はあと十年余りである」と告げたといわれます。

ひとつの問いかけと比叡山の姿

また、二十六歳のころの出来事に、一人の女性との出会いが伝えられています。

ある日、京都の街に使いに出た親鸞が比叡山へ帰ろうとすると、ある神社の前で美しい女性から声をかけられました。話を聞くと、「私もお山に連れて行ってほしい」との頼みです。親鸞はきっぱりと断りました。「この山は女人禁制です。女性は修行の妨げになり、さまざまな障《さわ》りがあるので入ることはできません」。

するとと女性は言い返します。「なんという情けないお言葉。お経の中には〝一切《いっさい》の衆生《しゅじょう》にはみなことごとく仏性(目覚めて仏さまになる種)がある〟と説かれております。このお山には、鳥や獣にも男女がいて住んでいるはず。なぜ、人間の女だけが入れないのですか?」

その質問に親鸞が答えられずにいると、いつの間にか女性は姿を消していたというのです。

当時の比叡山では、僧侶は貴族社会と結びついて堕落していました。修行を怠り、武器を持ち僧兵となって政治に不満をぶつける暴徒になっていく者もいました。ここにも名誉や権力を頼みとするありさまがあったのです。

親鸞はしだいに比叡山での修行に疑問を抱き、深く絶望していきました。

六角堂《ろっかくどう》での夢

二十九歳になった親鸞は、ついに比叡山を降りようと考えます。その決心をするために親鸞は、京都の街の真ん中にある六角堂《ろっかくどう》でお参りを始めます。六角堂は、聖徳太子が建てた寺で、寺に安置された観音菩薩《かんのんぼさつ》に救いを求め、世の人々が集まってくる所です。そこで親鸞は百日間、生と死の迷いを乗り越えようと祈り続けました。

そして、九十五日目の暁《あかつき》、夢に観音菩薩が現われて親鸞に告げました。

「仏道を修行する者よ、あなたが前の世からの縁によって戒律を破り、女性と交わりを持つようなことになれば、私がすばらしい女性となって、あなたの相手になろう。そしてあなたの生涯をかざり、最後には極楽へ導いてあげよう」（御伝鈔・真宗聖典七二五頁　意訳）

この観音菩薩の言葉は、罪を犯さずには生きていけない者に、その罪の深さと重さを知らせ、そのようなものをも、阿弥陀仏《あみだぶつ》は決して見捨てないことを意味しています。

夢からさめた親鸞は、比叡山での修行を棄《す》てて山を降りることを決断したのです。

法然との出会い

親鸞は、そのころ京都の街で浄土宗をひらき、人々に念仏を勧めている法然上人にお会いしたいと思いました。親鸞は、一二〇一（建仁元）年に法然の住む吉水の草庵を訪ねました。また百日間、雨の日も風の日も通いつめて、日ごろの疑問をぶつけ、生きることの不安や悩みを訴えました。そして納得のいくまで聞きぬこうとしました。

法然は、そんな親鸞を、おだやかで包みこむような笑顔で受けとめました。じっくりと親鸞の話を聞き終わった法然は言いました。

「大切なことは、ただひたすらに念仏を称えることです。阿弥陀仏の広く大きな願いと救いの力は、どんなことによっても妨げられることはないのです。ありのままに生きよ。共に仏の国、浄土へまいろう」

法然のもとには、貴族や武士たち、あらゆる身分、階層の人々、男も女も、法話を聞きにやってきました。その人々に法然は、お念仏、南無阿弥陀仏という言葉のいわれと、真実の教えを丁寧に説いていました。これこそが、親鸞の求めていた真実の仏教でした。親鸞は法然への深い信頼をこう語っています。

「法然上人にだまされて、念仏して、地獄に落ちてしまっても、私は決して後悔はいたしません」（『歎異抄』第二条・真宗聖典六二七頁　意訳）

親鸞は、法然が書いた大切な本である『選択本願念仏集《せんじゃくほんがんねんぶつしゅう》』を書き写すことを許されるようになりました。このころの親鸞の法名は「綽空《しゃくくう》」といい、のちに「善信《ぜんしん》」といいました。

念仏禁止と弾圧

法然の教えは広まり、念仏を称える人々がどんどん増えていきました。それは古い権威にしがみつき、国家の権力と結びついて栄えてきた比叡山や、奈良の仏教にとっては許しがたい姿でした。

「法然が説く専修念仏（ただ念仏のみを信じ称える）は仏教ではない。弟子たちや念仏を称える民衆は社会の秩序を乱す危険なものたちだ」と、批判の声は次第に高まりました。そして、念仏を禁止せよと朝廷に訴えが出されたのは、一二〇五（元久二）年のことでした。奈良の興福寺が出した手紙「奏状《そうじょう》」が取り上げられたのです。訴えの内容は、念仏者たちは、日本の神々を敬わず礼拝しないし、いたずらに風俗を乱して国土を混乱させるものである、という九箇状に及ぶものでした。それは法然たちの念仏の教えが誤った仏教である、と決めつけるものでした。

そのころ、法然の弟子である安楽《あんらく》と住蓮《じゅうれん》がひらいた念仏の集いに、二人の女性が参加したことが問題になりました。二人の女性は、後鳥羽上皇に仕えている御所の女官でした。その二人が、そのまま髪を落として出家し、どこかへ去ってしまったというのです。たちまち、「法然の弟子たちが二人をそそのかしたのだ」という噂が流れました。

それを聞かされた後鳥羽上皇は激しく怒り、ただちに念仏を禁止し、法然や弟子たちを処刑せよと命じました。こうして、一二〇七（承元元）年二月に、念仏禁止令が出されました。法然とその弟子たちは捕えられ、安楽と住蓮を含めた四名は死罪となりました。法然は土佐の国（高知県）へ、親鸞は越後の国（新潟県）に流罪《るざい》となりました。時に、法然七十五歳、親鸞三十五歳のことでした。

罪人となった親鸞は、僧侶という身分を奪われ、藤井善信という俗名をつけられました。この時から親鸞は、「私は僧ではない。私は俗ではない」と言い、自らを「愚禿《ぐとく》」と名のるようになりました。

親鸞はのちに、この天皇とその臣下による仏教の破壊行為と不当な弾圧を厳しく告発する文を書きました。その文は『教行信証《きょうぎょうしんしょう》』という書物のあとがきに記されています（真宗聖典三九八頁）。

民衆の大地で

京都から遠く離れた越後の国に流された親鸞は、その地で罪人として暮らしました。やがて、一二一一（建暦元）年に罪が解かれました。親鸞は三十九歳になっていました。しかし、その後も、しばらくその地に踏みとどまったのでした。

親鸞は、この地で新たな出会いをします。厳しい自然の中を生きる人間の営みは、都とはまったく違っていました。一人ひとりが自分の命をつなぐことさえ難しい現実がそこにはありました。貧しい土地を耕して細々と生きる農民は「結《ゆい》」という共同体を作ってお互いに助け合いながら暮らしていました。また、日本海の荒波に生きる漁師たち、信濃川や阿賀野川など河川や湖沼に生きる「渡り」と呼ばれる船のりたちがいました。あるいは、山地で猟師や木こりや鉱夫をする人々がいました。名もない民衆の生活の大地がそこにはありました。

親鸞が越後に来て最初にしたことは何だったのでしょう。それは、まず聞くことでした。何よりもその土地の人たちの声に耳を傾け、言葉の意味を聞き取り、会話ができるようになる。そこから始めたのではないでしょうか。

親鸞は結婚していました。妻の名は恵信尼《えしんに》といいました。恵信尼とはすでに京都でめぐりあい、親しくなっていたものと思われます。恵信尼が、親鸞の死後、娘に出した手紙の中に、若いころの親鸞が、六角堂に参っていたことや、法然のもとへ熱心に通っていたことが、ありありと記されているからです。

だから、二人はもう結婚していたのかもしれません。そのことが弾圧の理由の一つにあげられたのかもしれません。二人の間には子どもが生まれていました。

ある時、四十歳になった親鸞のもとに便りが届きました。恩師である法然が亡くなられたという知らせです。親鸞は、いよいよ師から教わった念仏の道を歩み、身近な人々に伝えていくことの使命の重さを感じるのでした。

関東での生活

親鸞は、越後をあとにします。しかし京都へは戻らずに、険しい山を越えて関東の地へ行くことにしました。一二一四（建保二）年、四十二歳の時でした。

その理由はよくわかりませんが、さらに新しい人との出会いを求め、また、関東には鎌倉幕府がありましたから、新天地を目指したのかもしれません。

旅の途中で、親鸞は大きな災害で苦しむ人々にめぐり合います。今の群馬県、上野国《こうずけのくに》佐《さ》貫《ぬき》でのことです。地震が起こり、日照りが続いて農作物が実らず、餓死してゆく人々の姿を目の当たりにしたのです。

自分にできることが何もないくやしさから、親鸞は「せめてお経を一千部読んであげよう」と読み始めました。雨ごいとしての読経だったのかもしれません。しかし、ふと我に返った親鸞は、「私はとっくに捨てたはずの自力《じりき》の行《ぎょう》をしてしまった。念仏を何かの手段にしていた」と気づき、ぴたりとお経を読むのを止めました。

この体験の中から、親鸞はあらためて覚悟を決めます。本願《ほんがん》を信じ、念仏を称える、そのことだけに生きよう。そして、人々の現実に寄りそっていこう、と。

こうして親鸞は関東にたどり着き、笠間郡稲田に住み、草庵を結びます。今の茨城県笠間市です。そこを中心に約二十年間にわたって、その地に住む人々に念仏の教えを語りかけていきました。利根川沿いに広がって住む山の民、川の民との交流がはじまりました。

生き物を殺して暮らす漁師や狩人たち、物を売り買いする商人、鉱山でたたらを踏む人々や、さまざまな物を作り出す職人との出会いも広がりました。このような人々の中に分け入って、親鸞は呟《つぶや》きました。

「ここにいるさまざまの者は、みな、石・瓦・礫《つぶて》のようなものだ。だが、その者も阿弥陀仏の願いを信ずれば光に包まれ仏のさとりを開かせ、石・瓦・礫などをよく金に変えさせてしまうようなもの」（『唯信鈔文意』・真宗聖典五五三頁　意訳）。

無碍《むげ》の一道

そのころの人々にとって宗教は、呪術、まじないでした。病気も畑の害虫も日照りの雨ごいも、みな祈祷《きとう》をしていたのです。だから人々は、念仏もまじないの一つと思っていました。

親鸞が関東の人々に弘《ひろ》めたのは、阿弥陀仏の願いを信じ、念仏することによって自分の生き方を見つめ、仏に感謝して生きようということでした。

親鸞は、「念仏はまじないではありません。念仏によって自分の生き方が変わるのです。阿弥陀仏の願いの大きな慈悲《じひ》の恩に目覚めると、感謝の心が起こります。それは、何ものにもさまたげられず、念仏は、さえぎる物のない唯一の道なのです」と語りかけていきました。

やがて人々は、神々や悪魔のたたりを恐れ、まじないにすがって生きる生き方から、少しずつ解放されていきました。

同朋《どうぼう》

しかし、人々が「まじない」をしなくなると、その宗教を売り物にしていた山伏《やまぶし》たちが、邪魔をされたと怒り出しました。弁円《べんねん》という山伏は、しばしば親鸞の命をつけねらったり、呪い殺そうとしたのですが、いっこうに効き目がありません。

とうとう弁円は、親鸞の住む稲田の草庵に押しかけて殺そうとします。親鸞は逃げ隠れもせずに、ゆうゆうと弁円の前に現われました。驚いた弁円は問答をしかけます。落ち着いて静かに答える親鸞の態度に、すっかり感心してしまった弁円は、いつしか刀をはずし、弓矢も折って「どうか弟子にしてください」と言いました。

こうして次々に誕生した念仏者たちは、聖徳太子のお堂や民家に「南無阿弥陀仏」という名号《みょうごう》をかかげ、念仏の道場として集うようになりました。

人々が、敵や味方として怨み合うことをやめ、出会いなおすこと。さまざまな差別の壁を越え、自由で平等な交わりに生きること、そこから始まる新しい人間関係のことを親鸞は「同朋《どうぼう》」と呼びました。

京都に帰る

親鸞がいつごろ、どんな理由で、関東を去って京都に帰ったのかは何もわかっていません。だいたい六十三歳ごろに、家族と共に京都に帰ったと言われています。晩年は妻の恵信尼とは別れて暮らしました。京都でも、一定の場所にはとどまらず、あちこちに移住しながら生活していたといいます。

『教行信証』

親鸞が、五十代から七十代の中ごろにかけて精力をこめて書いた本があります。それは『教行信証（顕浄《けんじょう》土《ど》真実《しんじつ》教行証《きょうぎょうしょう》文類《もんるい》）』といい、「教・行・信・証・真仏土《しんぶつど》・化身土《けしんど》」の全六巻から構成されています。親鸞は、この本で「愚禿釈《ぐとくしゃく》親鸞」と名のっています。

師の法然から聞いた、本願念仏の教えの真実を明らかにする『浄土三部経』（仏説無量寿経、仏説観無量寿経、仏説阿弥陀経）をはじめとする、インド・中国・朝鮮・日本のさまざまな経典や註釈書が引用されています。また、仏教以外の宗教、道教や儒教などの本も引用し、その問題点を指摘しています。そして、念仏を弾圧した人々への批判と、抵抗の精神がこめられています。ここで親鸞は、仏教を「浄土の真宗」として宣言したのです。『教行信証』の「行巻」にあるのが『正信偈』という漢文の詩(偈文)です。

詩人・親鸞

親鸞は詩人でした。七十六歳ごろから八十八歳までに、親鸞は五百首にもおよぶ日本語の詩、仏教の讃歌である『和讃《わさん》』を書いています(真宗聖典四七八～五一一頁)。それらは浄土の世界、念仏の心、念仏を伝えた人々の伝記、仏教が滅びてゆく時代になって念仏の教えがいよいよ盛んになること、聖徳太子への讃歌などを内容としています。

善鸞《ぜんらん》との別れ

京都にいる親鸞のもとには、絶えず関東の念仏道場の弟子たちから手紙が届きました。それはさまざまな質問でした。

時には親鸞を訪ねて、自分たちの念仏の教えの聞き方に誤りはないか、信心は確かか、と遠路はるばる命がけで旅をしてくる弟子たちもいます。

親鸞の生活は、弟子たちから送られてくる「こころざし」によって支えられていました。関東でも念仏者への弾圧は絶えず起こっていました。鎌倉幕府からも念仏禁止令はしばしば出されていたので、その対応の仕方についても相談がきました。

親鸞は、長男の善鸞《ぜんらん》を関東に行かせ、対応させようとしました。ところが事態は思いがけない方向に傾いていったのです。あろうことか、善鸞が「父、親鸞の教えはみんな偽《いつわ》りであった」と言いふらし、弟子たちを混乱させていることが、手紙のやりとりでわかってきます。やがて、弟子たちから善鸞を批判する声が次々と寄せられました。ついに、親鸞は我が子との縁を切る手紙を書くことになりました。それは、教えの真実をねじまげた善鸞に対する悲しくも厳しい別れの手紙でした。親鸞八十四歳でした。

しかし、なぜ善鸞がそのような混乱を引き起こしたのか、その理由はこの問題の真相とともに、未だ闇の中にあります。

生涯を終える

親鸞は一二六二(弘長二)年十一月二十八日に、九十歳で亡くなられました。その月の下旬ころから病床にふせ、もう筆をとることもなく、ただ口からは念仏の声だけが静かに流れていました。釈尊《しゃくそん》にならって、頭を北に、顔のおもては西に向け、右の脇を下にして休んでいるうちに、念仏の息が途絶えたといいます。

臨終には弟子たちと共に、末娘の覚信尼《かくしんに》が立ち会っていました。遺体は、翌日の夕方に、善法院から賀茂川を渡り、東山の鳥辺野《とりべの》の南にある延仁寺《えんりゃくじ》で火葬されました。遺骨はその南にある大谷の地に納められたのでした。

親鸞がいつも身近な人に語っていた言葉があると伝えられています。

「某《それがし》 親鸞閉眼《へいがん》せば、賀茂河にいれて魚《うお》にあたうべし」(『改邪鈔』・真宗聖典六九〇頁)

自分の遺体は賀茂川の魚の餌《えさ》にしなさい、というのです。自然に還《かえ》ることで、最期まで阿弥陀仏の本願の恩に報《むく》いたいという願いでありました。それは人の姿かたちにとらわれず、法に出遇ってほしいという心でありました。

もう一つ、親鸞が語ったと伝えられる言葉を紹介します。

「一人いて喜ばは二人と思うべし、二人いて喜ばは三人と思うべし。その一人は親鸞なり」
(御臨末《ごりんまつ》の御書《ごしょ》)

親鸞を想う

あなたは旅の人でした
親鸞は生涯、一定の場所にとどまらず
常に新しい土地に移り住んでいました
比叡山をおりて吉水の法然のもとを訪ねた時も
流罪で越後に流されたのちも
越後から関東へ行ってからも
そして、京都に戻ってきてからも
一ヶ所にとどまらず、一ヶ寺の寺も建立せず
どこまでも真実の道を求めて歩き続けていました

あなたは聞くことで語る人でした
風や雨の音に
降りしきる雪に
父や母の声を聞き
愛する人の声を聞き

師と友の声を聞いた人
大地や海の響きに
そこに生きる人々の沈黙の声を聞き
みほとけの呼び声を聞いた人
人間の悲しさと
愚かさと
醜《みにく》さから眼をそらさず
それゆえに大きな恥じらいとともに深い喜びに満たされた人、親鸞
あなたは「親鸞聖人」、「御開山《ごかいさん》」、「宗祖《しゅうそ》」、「しんらんさま」、「親鸞」、そのように親しみを
こめて呼ばれてきました
その名を口ずさむ時、私は決して一人ではありません

考えてみよう！

◆親鸞は、自由で平等に生きる人間関係のことをどのように呼ばれましたか。

◆親鸞が求めた真実の仏教とはどのような教えでしょうか。

◆親鸞が越後の地で、最初にしたことは何だったでしょうか。なぜそれを大切にされたのでしょうか。

蓮如上人《れんにょしょうにん》

聖教のことば

聖教《しょうぎょう》は、よみちがえもあり、こころえもゆかぬところもあり。『御文《おふみ》』は、よみちがえもあるまじき

（『蓮如上人御一代記聞書』・真宗聖典八六五頁）

蓮如上人《れんにょしょうにん》は、親鸞聖人《しんらんしょうにん》が亡くなられて一五〇年ほど経った一四一五（応永二十二）年に本願寺に生まれました。室町幕府の衰退《すいたい》などにより、世の中が大変乱れ、仏さまの教えを聞く人も少なくなって、本願寺もしだいに衰えてきた時代でした。

七歳の時には、生みの母親と生き別れなければならないという悲しい事情もありました。お母さまは、幼い蓮如と別れる時、「どうかあなたが成人した時には、乱れた世の中に、ぜひ親鸞聖人の教えを人々にもう一度、しっかりと伝えてください」と、固く約束された

といわれています。

蓮如は、幼いながらも、お母さまの言葉をしっかりと心にとどめ、それから八十五歳までの生涯を尽くし、親鸞の教えられたお念仏の教えを伝え、立派にその約束を果たし、今日に見る本願寺のもとを作ったのです。

蓮如は、親鸞のあとを慕い、得度してからは、苦労に苦労を重ね一四五七(長禄元)年、四十三歳の時に本願寺の第八代目となりました。それからは、人々にお念仏の教えを説いて歩まれました。

そのころ、京都はもちろん、世の中はとても乱れていました。各地に住む豪族、守護大名などが、それぞれ武力や権力を増し、京都にある幕府の威力は衰えてしまいました。世の中が乱れてくると、人々にとって、明日の日もわからないという不安な心が、ますます大きくなってきます。蓮如は、これらの人々の心に、いつまでも変わらない「まことの道」は、お念仏であると教えられたのでした。お念仏の教えを聞いて、一筋の光明を見出した人々は、次第に本願寺に集まってきました。集まる人々が増してきた本願寺を妬《ねた》んだ比叡山の法師は、とうとう本願寺に焼き討ちをかけ、二度と京都に本願寺を建てられないようにしました。しかし蓮如は、ただ一筋に親鸞の教えを弘《ひろ》めることが、自分の仕事であると固く思われていたので、たとえどこへ行こうと、お念仏を勧めることに力を注がれていたのです。

京都を離れた蓮如は、しばらく大津に身を隠していましたが、その後、北の方へと旅立ち、北陸方面の人々に教えを伝えました。現在の福井県にある吉崎《よしざき》を中心地とし、一四七一（文明三）年に吉崎御坊を建て、約四年間、お念仏の道場とされました。

このような大きな集まりとなってきたのは、蓮如の片時も休むことのない教えを伝える活動があったからです。蓮如は、とりわけ「百のことを十にし、十のことを一にして」できるだけ簡単に、わかりやすく教えを伝えようと努力しました。その活動のひとつに『御《お》文《ふみ》』があります（真宗聖典七六〇～八五〇頁）。『御文』とはお手紙です。念仏のいわれを、だれにでもわかりやすく書きとどめられ、各地のお念仏の道場に集う人々に届けられました。今日まで伝えられる三百余通の御文こそ、蓮如が、浄土真宗中興《ちゅうこう》の祖と呼ばれるに至った、大きなものだったといえます。

一四九九（明応八）年三月二十五日、蓮如が八十五歳の時、苦労されたご生涯を、山科本願寺にて閉じられました。

私たちが親鸞聖人の教えを今なお聞くことができるのは、戦乱の時代にも、消えることなく伝えてくださった蓮如上人の生涯を通じての、ご苦労があったからなのです。

考えてみよう！

◆蓮如上人は生涯を通じて、どんなお仕事をされたのでしょうか。

第2章

教え

- 八正道
- 布施
- 持戒
- 忍辱
- 精進
- 禅定
- 智慧
- 四法印
- 不殺生
- 不偸盗
- 不邪婬
- 不妄語
- 不飲酒
- 三宝
- 三帰依
- 貪欲
- 瞋恚
- 愚痴
- 本願
- 念仏
- 信心
- 聴聞
- 浄土
- 往生
- 同朋
- 縁起
- おとき
- 帰命
- 礼拝
- 求道
- 自覚
- 荘厳
- 無碍
- 報恩
- 慚愧
- 金剛心
- 五逆
- 平等
- 五濁

八正道《はっしょうどう》

聖教のことば

正見《しょうけん》を得て、歳次《さいじ》日月《にちがつ》の吉凶《きっきょう》を択《えら》ばず。
（『教行信証』化身土巻・真宗聖典三七二頁）

仏さまの覚《さと》りの世界をひらく八つの道を「八正道《はっしょうどう》」といいます。

一　正見《しょうけん》　（何ものにも執着しない正しい見方）
二　正思《しょうし》　（正見にもとづいた正しい考え）
三　正語《しょうご》　（正見にもとづいた正しい言葉）
四　正業《しょうごう》　（正見にもとづいた正しい行い）
五　正命《しょうみょう》　（正見にもとづいた正しい生活）

六　正精進《しょうしょうじん》（正見にもとづいた正しい努力）
七　正念《しょうねん》（正見にもとづいた正しい思いを常に忘れないこと）
八　正定《しょうじょう》（正念によって心が静まっていること）

お釈迦《しゃか》さまは、覚りをひらかれて仏さまと成《な》り、その覚りを人々に伝え広めたいという願いを起こされます。しかし、さまざまなものに執着して生きている人々に、仏さまの覚りを伝えることは、とても困難でした。そこで、お釈迦さまは苦しみ迷いながら生きている人々に、仏さまの覚りの世界をひらく「正見・正思・正語・正業・正命・正精進・正念・正定」という八つの正しい道を示してくださったのです。

この八正道の中で、一番はじめに示されている最も大切な道を「正見」といいます。お釈迦さまは「正見を得て、歳次日月の吉凶を択《えら》ばず」とおっしゃいました。何ものにも執着しない正しい見方ができれば、吉凶に左右されずに生きることができるという意味です。では、この「何ものにも執着しない正しい見方」とは、どのようなことなのでしょうか。興味深い昔話があります。

昔々、蓮如《れんにょ》さんと一休《いっきゅう》さんというお坊さんがおられました。ある日、京都の大徳寺《だいとくじ》にある曲がりくねった大きな松の前に、立て札が立てられます。そこには「この松をまっすぐに見れた者は、一休のところに来い」と書いてありました。人々があちこちから松を眺め、まっすぐに見えるところを探し求めているところへ、蓮如さんとお供の者が通りかかります。蓮如さんは、お供の者に「一休さんのところへ行って、あの松は曲がった松だと申してきなさい」とおっしゃいました。お供の者が「あの松は曲がった松です」というと、一休さんは「蓮如さんだね」とお答えになられました。

というお話です。

私たちは実際に見たり聞いたりしたことを、そのまま真実であると思い込んで、ものごとを見ているのです。このような誤った見方を「邪見《じゃけん》」といいます。正しくものを見ているつもりでも、必ず「自分の思い」を通してものごとを見ています。私たちが、自分の考えを一番正しいと思っていることも、邪見の一つなのです。お互いに正しいと思うことでも、その本質が異なれば対立します。自分が正しいという思い込みは、時に争いを引き起こす種となってしまうこともあるのです。

お釈迦さまは「一切悪行は邪見《じゃけん》なり。一切悪行の因、無量《むりょう》なりといえども、もし邪見を説けばすなわちすでに摂尽《しょうじん》しぬ（涅槃経）」（『教行信証』化身土巻・真宗聖典三五二頁）と、言っておられます。「すべての悪い行いは、誤った見方によるのです。すべての悪い行いの原因に限りはありませんが、邪見という誤った見方に気づく道を説けば、すべてがそこに収まるのです」という意味になります。

私たちはさまざまなものに執着して生きているため、簡単に「邪見」を離れることができません。「正見」という何ものにも執着しない正しい見方を、初めからできる人はいないのです。だからこそ正しい教えに出遇《であ》い、正しい見方に気づかなければいけません。お釈迦さまは、このような本当に正しいことが見えなくなっている私たちに、仏さまの覚りの世界をひらくための道として「八正道」をお説きになられたのです。

考えてみよう!

◆正しい見方とは、どのような見方でしょうか。

六《ろく》波《は》羅《ら》蜜《みつ》①
布施《ふせ》

仏さまの覚りをひらくための具体的な行いを「六《ろく》波《は》羅《ら》蜜《みつ》」といいます。

一　布施《ふせ》　ほどこすこと
二　持戒《じかい》　戒律を守ること

聖教のことば

善男子《ぜんなんし》、四の善事あり、悪果を獲得《ぎゃくとく》せん。何《なん》等《ら》をか四とする。一つには勝他《しょうた》のためのゆえに経典を読誦《どくじゅ》す。二つには利養《りよう》のためのゆえに禁戒《きんかい》を受持せん。三つには他属のためのゆえにして布施《ふせ》を行ぜん。四つには非想非非想処《しょ》のためのゆえに繫念《けねん》思惟《しゆい》せん。この四つの善事、悪果報を得ん。

（『教行信証』化身土巻・真宗聖典三五二・三五三頁）

三　忍辱《にんにく》　苦難にたえしのぶこと
四　精進《しょうじん》　真実の道をたゆまず実践すること
五　禅定《ぜんじょう》　心をひとつにし、落ちつかせること
六　智慧《ちえ》　ものごとのありのままのすがたをてらし、迷いをたって覚りをひらくはたらき

の六つです。それでは、一つずつ尋ねていってみましょう。

昔、シヴィ王というたいへん慈悲深《じひぶか》い王さまがいました。ある日、王さまがお城の庭を散策していたところ、一羽の鳩《はと》が飛んできました。その鳩は王さまの前に舞い降りて、王さまの懐《ふところ》に潜《もぐ》り込んできました。

王さまが何ごとかと驚いているところに、後を追って大鷹《おおたか》が舞い降りて、庭の木に止まり、王さまに言いました。「私にその鳩を返していただきたい」。王さまは答えました。「私は、生きとし生けるあらゆる生き物を救おうという誓いをたてているのだ。お前はこの鳩を食べようとしているのだろう。渡すわけにはいかない」。

大鷹は言いました。「私も生き物です。食わずには生きていけないのです。どうして私を憐《あわ》れんで、食べものを与えてくださらないのですか」。

王さまは考えました。鳩の命は助けたい、しかしそれでは鷹が飢えてしまう。王さまは決心して刀を取り出し、自分の太腿《ふともも》の肉を割《さ》いて大鷹に言いました。「鳩の重さと同じだけ、この肉をお前に与えてやる」。

王さまは、はかりに鳩と太腿の肉をかけました。しかし鳩は重く、はかりはつり合いません。王さまはもう片方の太腿の肉を割いてはかりにかけましたが、やはり鳩の方が重くつり合いません。そこで腕の肉、背中の肉など、次々と体中の肉を割いて、はかりにかけましたが、やはりつり合いませんでした。大鷹は言いました。「あなたの身の肉は尽きてしまったのに、鳩はまだ重い。さあ、鳩を返してください」。

「いいや、返すことはできぬ」と言いながら、王さまは自《みずか》らはかりに上がろうとしましたが、力尽きて転がり落ちてしまいました。王さまは自分の心を責めながら言いました。「私は、自分で生きとし生けるものを救おうと誓いをおこしたのだ。身の痛みに耐えかねてはかりから転げ落ちるとは、何となさけないことか。誰か私をはかりに押し上げてくれ」。

王さまは起き上がり、力を振り絞って、はかりによじ登ろうとしました。わが身をすべて投げ出すことに、王さまは何のためらいもありませんでした。その時、大地が大きく揺らぎ、天空より無数の花が降り始めました。大鷹は帝釈天《たいしゃくてん》へと姿を変え、王さまに天の薬をそそぎました。するとシヴィ王の割かれた肉は元に戻り、身の傷もたちまちに癒《い》えたのでした。

「ホスピタリティ（hospitality）」という英語があります。「ホスピタル＝病院」と同類の言葉で、「親切なおもてなし・慈善《じぜん》」などと訳されています。布施《ふせ》の行《ぎょう》と似ています。

でも、布施の行とは、ただ単に他人に物をあげたり、何かをしてあげるというものではありません。布施の行の根っこにあるのは、「相手を思いやる心」です。それも、全身全霊《ぜんしんぜんれい》をあげての「思いやり」です。このシヴィ王の物語は、そんな「思いやり」の精神をあらわしています。シヴィ王は、鳩だけを助けようとしたのではありません。飢えた鷹のことも考え、わが身を投げ出したのです。「思いやり」には、豊かな想像力が必要なのでしょう。

最近、自転車の事故が増えています。それも、人と自転車の事故です。たしかに、人の間を、すごいスピードで走り抜けていく自転車を見かけて、ヒヤッとすることがあります。自転車の運転には自信があるのでしょうが、少し歩行者のことを思いやる想像力があれば、事故はずいぶんと減るように思います。たとえば、「こんなスピードであのおばあさんの前を走り抜けたら、おばあさんを驚かせて、転ばせてしまうかもしれないなあ」と考えれば、自然におばあさんを思いやる運転になるのではないでしょうか。

「思いやりの心」とは、豊かな想像力をもち、他者の立場に立って、他者と同じように感じ、同じように悲しむなど、常に他者に寄り添っていく心です。

そして、自己中心的な思いに沈みがちな「自己」を深く見つめ続けていくことでもあります。それは、新しい世界が開かれていくことです。自分中心の思いの中に閉じこもって生きている私が、自分中心の世界をこわされ、新しい世界へと引っぱり出されてくる。新しい世界との出会い、新しい世界の発見が、「思いやりの心」にはあります。

考えてみよう！

◆布施の心とはどのような心でしょうか。

六波羅蜜②
持戒《じかい》

聖教のことば

いわゆる布施《ふせ》・持戒《じかい》・立寺《りゅうじ》・造像《ぞうぞう》・礼誦《らいじゅ》・座禅《ざぜん》・懺念《さんねん》・苦行《くぎょう》・一切福業《いっさいふくごう》、もし正信なければ、回向願求《えこうがんぐ》するにみな少善とす。

（『教行信証』化身土巻・真宗聖典三五一頁）

昔、シュダマ王という王さまがいました。王さまはお釈迦《しゃか》さまをたいへん敬い、お釈迦さまの教えを守りながら国を治めていました。ある日、お供をつれて野遊びに出かけようとしたところ、一人の男が王さまのもとへやってきました。

「王さま、私は大変貧しく困っております。王さまはお情け深い方だとお聞きいたしております。どうか私を助けてください」

「そうか、それは大変だな。しかし、私はこれから出かけるところだから、夕方に来なさい」

王さまは男に言って、出かけて行きました。

一行は野原に到着しました。青空の下、涼しい風が野を渡っていきます。どこからか花の良い香りが漂《ただよ》ってきます。小鳥たちは楽しげに鳴いています。王さまは久しぶりの野遊びを楽しんでいました。

突然、空が真っ暗になり、強い風が吹いたかと思うと、王さまの体はあっという間に空へ舞い上がっていきました。一羽の大鳥が王さまをさらっていったのです。王さまが気がつくと、そこはカルマーサパーダという大鳥のすみかでした。この大鳥は、人を捕って食べることで知られていました。王さまは、自分の身に何が起こったのかさとりました。そして、大粒の涙を流し泣き始めました。大鳥はたずねました。

「何をそのように子どものごとく泣くのだ。王ともあろうものが、そんなに死ぬことが怖いのか」

「そうではない、命を惜しんで泣いているのではない。私はこれまで約束を破ったことがない。今朝、城を出る時に私は、一人の男を助けることを約束した。その約束を果たせないことを悲しんでいるのだ」

それを静かに聞いていた大鳥は、じっと王さまの目を見ながら、「それならば七日だけ猶予《ゆうよ》をやろう」。そう言って王さまを掴むと城まで送り届けました。

王さまをさらわれて大騒ぎになっていたお城では、王さまが無事に戻って大喜びしました。王さまはさっそく困っていた男を城に呼び、仕事を与えて約束を果たしました。

それから王さまは、仕事を次から次へと、ものすごい早さで片づけていきました。そして、七日目の朝、王さまの位を王子に譲《ゆず》り、お城を出て行こうとしました。それを見た家臣《かしん》や国民は引き止めました。

「王さま、どうかわれらや国民のためにここに止《とど》まって、この国を治めてください。鉄の丈夫な部屋を造り、強い兵隊を置いて、大鳥から王さまをお守りいたします」

「ありがとう。しかし約束を破って生き長らえるより、約束を守って早く死ぬほうを私は選ぶ。嘘をつかぬことが一番大事なのだ。お釈迦さまの教えに、『実《まこと》をするを人とす。偽るをば人とせず』とあるのだ。私は『まこと』を守ることによって、命を失っても悔いはない」。王さまはこう応えて、大鳥のすみかへ戻って行きました。大鳥は戻った王さまをほめ称えました。「私はあなたの様子をずっと空から見ていました。私は自分の命が惜しいあまり、約束を破る人間ばかりを見てきました。でもあなたは嘘をつかない、約束を守る立派な人でした。私のこれまでの行いを許してください。あなたは戻って、これまでどおり国を治めてください」。大鳥はこう言って、王さまを背中に乗せて飛び、国へ送り届けました。

私たちが生活していく上においても、交通ルールや、学校の規則、仕事上のルールなど、たくさんのルールがあります。これらのルールは、皆が仲良く、快適に生活していくためのものです。では、その快適というのは、どういうことでしょうか。それは、私もあなたも同じように快く生活できるということでしょう。私だけが快適にということではありません。

仏教には、五戒《ごかい》というものがあります。してはいけない五つの約束です。

一、生き物を殺してはいけない。

二、盗んではいけない。

三、性行為にふけってはならない。

四、嘘をついてはいけない。

五、お酒を飲んではいけない。

これらはどれも、他人との関係を大切にしたものといえるでしょう。逆にいえば、これらのルールを破る行いは、自分のことだけを考えたものだということです。仏教では、他人ということを大切にします。だから、他人との関係を保つために約束を守らなくてはならないのです。

では、いつも絶対に約束(=ルール)を守ることができるのでしょうか。残念ながら、そうではありません。私たちは、約束を破ってしまうこともあるのです。そういう時は、約束を破ってしまった自分と向き合わなければならないでしょう。約束を破ったことによって他人を傷つけてしまった。なぜ約束を破ってしまったのだろう。それ以前に、なぜそういう約束をしたのか、と。そのように自分自身と向き合うのです。それによって「自分」というものがわかり、また、「他人」というものがわかってくるのです。

「約束」というのは、常に他人へのまなざしを忘れずに、「自分」と「他人」のことを深く考えていくことでもあります。

考えてみよう！

◆約束を守れなかった時にどうしたらよいでしょうか。

六波羅蜜③

忍辱《にんにく》

聖教のことば

忍辱精進《にんにくしょうじん》にして心を一つにし智慧《ちえ》をもって転《うた》た相教化《きょうけ》して、徳を為《な》し善を立てて、心を正しくし意を正しくして、斎戒清浄《さいかいしょうじょう》なることと一日一夜すれば、無量寿国《むりょうじゅこく》にありて善を為すこと百歳せんに勝《すぐ》れたり。

（『仏説無量寿経』巻下・真宗聖典七十七頁）

平安時代の末ごろのことです。

美作国《みまさかこく》というところに漆間時国《うるまときくに》という武士がいました。時国は暴徒《ぼうと》を鎮圧《ちんあつ》したり、盗賊の逮捕をしたりする、今でいうと地方の警察署長のような仕事をおこなう役人でした。

時国には自慢の一人息子がいました。名前を勢至丸《せいしまる》といい、たいへん賢い子どもでした。幼いころから賢く、大人びた話し方で大人をやり込め、皆を驚かせたり、突然、西側の壁に向かって座り、一人もの思いに沈んで大人たちを不思議がらせていました。

勢至丸が九歳のある春の夜のこと、時国一家は襲《おそ》われました。襲ったのは、時国を良く思わない者たちでした。時国は仲間の役人たちと応戦しましたが、刀で斬《き》られ、深い傷を負ってしまいました。そこへ飛び込んできたのが勢至丸でした。別の部屋で寝ていた勢至丸は物音で目を覚まし、小さな弓矢を持って駆けつけたのでした。勢至丸は、斬られて倒れている父親を見つけました。

「父上！」と叫んで、勢至丸は弓に矢をつがえ、時国のとどめをさそうとしている賊の大将めがけて放ちました。矢は狙いどおり賊の大将の両目のあいだに突き刺さりました。子どもの扱う小さな弓矢でしたので、倒すことはできませんでしたが、傷を負った賊の大将はその攻撃にひるんで、逃げていきました。

勢至丸は時国のもとへ駆け寄りました。「父上、賊は逃げていきました。もう大丈夫です。しっかりしてください」。時国は苦しい息の中から答えました。「私の傷は深い。勢至丸、母を大事にするのだぞ…」。

勢至丸は泣きながら言いました。「私は賊の大将の眉間《みけん》に傷を負わせました。ですから決して見間違うことはありません。必ず敵《かたき》を討ってみせます」。

時国は最後の力をふりしぼって言いました。「勢至丸、敵を怨《うら》んではならぬ。耐え忍ぶのだ。怨みをもって敵を討ったならば、敵の子がまたお前をねらうだろう。怨みはいつまでも続いていくことになる…。勢至丸、お前は出家して私を弔《とむら》ってくれ。そして永遠の道を求めて仏道を学ぶのだ…」。時国はこう言い終えると、西に向かい合掌して、眠るようにして息を引き取りました。

父の最後の言葉は、勢至丸の生涯を決定づけました。勢至丸は父の遺言を胸に、怨みをこらえ出家して、生涯をかけて仏教を学び続けたのです。

勢至丸とは後の法然上人《ほうねんしょうにん》のことで、親鸞聖人《しんらんしょうにん》の先生となられた方です。

二〇〇一年九月十一日、アメリカで大変な事件が起こりました。この事件をきっかけに世界中が戦争状態になりました。報復に次ぐ報復で、戦争は止まることを知りません。

家族全員を一瞬にして失ってしまった子や、子どもを殺された親が泣き、涙も枯れ果てて呆然《ぼうぜん》としています。世界中が悲しみに覆われています。この痛みと悲しみに満ちた世界で、私たちはどう生きればいいのでしょう。

『法句経《ほっくぎょう》』という、お釈迦さまの言葉を集めたお経に、こんな一節があります。

「実にこの世においては、およそ怨みに報いるに怨みを以てせば、ついに怨みの息《や》むことがない。堪え忍ぶことによって、怨みは息む。これは永遠の真理である」。

法然上人の父親は、お釈迦さまのこの言葉を知っていました。ですから、身をもってこの言葉の大切さを感じたのでしょう。自分の命が終わる時、わが子に伝えたのです。

私たちは今、次々と起こる複雑な国際関係、人間関係の中で生きています。このような中で、どのように対応していけばよいのかわからなくなります。この法然上人の父親の言葉、あるいは、お釈迦さまの言葉は、私たちに大切なことを教えてくれています。

私たち人間には、じっと耐え忍ばなければならない時があります。そして、じっと耐え忍びながら「人間ってなんだろう」「生きるってどういうことなのだろう」と考え続けていかなければならないのです。

考えてみよう！

◆怨みを持つことでどのようなことが起きてくるのでしょうか。

六波羅蜜④

精進《しょうじん》

聖教のことば

戒聞《かいもん》・精進《しょうじん》・三昧《さんまい》・智慧《ちえ》、威徳侶《いとくともがら》なし、殊勝《しゅしょう》希有《けう》なり。

（『仏説無量寿経』巻上・真宗聖典十一頁）

平安時代、小野道風《おののとうふう》という書家がいました。道風は学者の家に生まれたので、ゆくゆくは学者として朝廷に仕えるために、小さいころからいろいろな学問をさせられていました。特に字を覚え、書物を読むための勉強として、習字の稽古《けいこ》は大変きびしいものでした。

少年の道風は、毎日毎日、机に向かって墨をすり、何枚も何枚も習字の稽古をしましたが、なかなか上手に書けません。早く習字が上達したいと、夜、眠る時には仏さまに念じながら寝ました。そのような日が何日も続きました。しかし、習字の稽古をどれだけ続けても、ちっとも上達しないので、道風はだんだん根気がなくなって、こんなことは止《や》めてしまおうか、とさえ思うようになったのです。

ある五月の雨の日、習字の稽古の疲れを休めるため、庭の池のほとりを傘をさして歩いていると、どこからかポチャンという音が聞こえてきました。それは何度も何度も繰り返し聞こえてくるのです。道風は池の水面に目を凝らしました。

池の端には古い柳の木が生えており、その枝が長く水面近くまでのびていました。その枝に池の岸から、小さな青蛙が飛びつこうとしていました。ポチャンという音は、青蛙が枝に飛びつけずに池に落ちる音だったのです。柳の枝葉が風にゆれています。青蛙は何度も試みますが、飛びつくことができません。でも、青蛙は落ちても落ちても池の岸まで泳いで行って、また飛びつこうとするのでした。

道風は、その青蛙の姿に励まされ、部屋に帰って、また習字の稽古を始めました。その夜、夢の中で雨の降る柳の枝に、一生懸命飛びつこうとしている青蛙の姿を、何度も見たのでした。

あくる日、池の端を歩いていた道風は驚きました。昨日の青蛙が池の岸から飛んで、上手に柳の枝に飛びつくではありませんか。道風は小さな青蛙に教えられ、目的達成のため の飽くことない努力で、いっそう学問、習字に励みました。のちに、日本書道史上、最も重要な書家と呼ばれるようになりました。

一流と呼ばれるスポーツ選手や技術者などのインタビューを聞いたことがありますか？　彼ら彼女らには、共通している言葉があるように思います。それは、「終わりがない」ということです。野球選手もスケート選手も、研究開発をする技術者も、またミュージシャンなどのアーティストも、才能あふれ優れた人たちはみな、人並み以上の練習や訓練をしています。そして、その分野でトップクラスと呼ばれるようになっても、その位置に安住することなく、より高い目標を目指し、自らの技術を極めるために、より一層の訓練をし続け、学び続けているのです。これは、人生を生きる上においても同じことが言えるのではないでしょうか。

私たちが生きていくことは、さまざまな出来事に出あっていくということです。さまざまな出来事に遭遇して大喜びをし、大いに楽しみ、また怒りや悲しみを感じて、その出来事の前にたたずむことでもあるのでしょう。人生を生きることは、日々起こる新しい出来事の前に身を置き続けることであり、これらの出来事をとおして、自分を問い続けることです。

時折、「人生とはこうだ」「人間はこう生きるものだ」などの言葉を耳にすることがあります。人生の達人とか占い師と呼ばれる人が語っていることが多いようですが、人間や人間の生き方をこうも簡単に決めつけることができるでしょうか。私という人間も、私たち人間が生きるこの世界も、自分が考える以上に深くて重いものなのです。

お経の中に「如来《にょらい》の智慧《ちえ》海は、深広《じんこう》にして涯底《がいてい》なし」(『仏説無量寿経』巻下・真宗聖典五十頁)という言葉が出てきます。仏さまの智慧は深く広く、量《はか》りしれないという意味ですが、言い換えれば、人間とは深くて底なしで、私という人間の思いも及ばない存在なのだということがあらわされています。そんな人間の深くて底なしの闇を照らすために、「如来の智慧海は、深広にして涯底なし」と語られています。

私が生きるということは、日々の出来事の中で、自分という存在を仏さまの教えに照らし、学び続けながら生活するということなのです。

考えてみよう!

◆精進はなぜ大切なことなのでしょうか。

六波羅蜜⑤
禅定《ぜんじょう》

聖教のことば

深禅定《じんぜんじょう》・もろもろの通《つう》・明《みょう》・慧《え》を得て、志を七覚に遊ばしめ、心に仏法《ぶっぽう》を修す。

(『仏説無量寿経』巻下・真宗聖典五十四頁)

心静かに正しく物事を見つめることを「禅定《ぜんじょう》」といいます。

昔、ベナレスというところの、ある椰子《やし》の林の中に、一匹のうさぎが住んでいました。このうさぎは、ほかの動物よりも賢いという噂でした。うさぎも皆から賢いと言われるので、自分は本当に賢いのだと思い込んで、えらそうにしていました。

ある日のこと、うさぎは「この地球が突然二つに割れたらどうなるのだろう」と考えました。「森や山はどうなるのだろう。川や海の水は迫ってくるにちがいない。そうなったら、ぼくたちは、どうしたらいいのだろう」。こう考えたうさぎは、今にも地球が割れるように思えて、心配で心配でしかたがありません。

今日もそんな心配をしながら、外に出てみました。すると、地面に亀裂《きれつ》が入っているではありませんか。いよいよ地球が割れるのではないかと、うさぎが思っていた時、突然、バサッという大きな音がしました。驚いたうさぎは「そら来た！ 大変だ、大変だ」と、一目散に走り出しました。

するとそれを見たほかのうさぎたちも、何ごとかと騒ぎ出しました。「いったい、どうしたんですか？」「どうもこうもないよ、地球が割れ始めたんだよ！」。賢いうさぎの言うことですから、皆、すっかりそう思い込んで、「大変だ大変だ、逃げろ逃げろ！」と他のうさぎたちも走り出しました。

そばにいた鹿《しか》が驚いて、「オーイ、どうしたんだ」とたずねました。うさぎたちが「地球が割れるんだ」と答えると、「何？ 地球が割れる？ それは大変だ」と、鹿もあわてて走り出しました。

たちまち森に住む猿《さる》も、狐《きつね》も、狸《たぬき》も、虎《とら》も、象《ぞう》まで逃げ出しました。

動物たちが大騒ぎで走り回っている中、「ウォー、止まれ止まれ！」という声が聞こえました。それは大きなライオンでした。そのライオンの声に動物たちは驚いて、立ち止まりました。「みんな逃げ惑っているが、いったいどうしたんだ」とライオンはたずねました。「地球が割れ始めたんです」と誰かが言いました。「何⁉　地球が割れ始めただと。誰がそんなことを言ったんだ」「虎さんです」と象が言いました。すると虎は「いや、狸が言いました」と言いました。狸は「狐くんから聞きました」と言いました。狐が「猿くんが騒いでいたんだ」と言うと、猿は「僕は鹿さんに聞いたんだ」と言いました。すると鹿は「うさぎさんが言ったのです」と言いました。ライオンはうさぎに、「お前は誰に聞いたのだ」とたずねました。うさぎは「僕は誰にも聞いていません。割れる音を聞いたんです」と答えました。

「音を聞いた？　では、そこへ連れて行ってくれ」とライオンは言いました。動物たちは、うさぎを先頭に出かけて行きました。そして、うさぎが大きな音を聞いた場所に着きましたが、地球は割れてはいませんでした。

うさぎが聞いた大きな音は、椰子の実が落ちた音だったのです。うさぎは椰子の実が落ちた音に驚いて、地球が割れ始めたと、間違えたのでした。

今日、「ユビキタス（＝至る所にある。偏在《へんざい》する）社会」ということが言われます。世界中のあらゆる情報を一瞬にして得ることができる、そういう社会のことを指します。家庭にいながらにして、インターネットなどを通じて、ほしい情報がすぐに手に入る。これはすごいことで、一昔前には考えられないことでした。しかし、よく見ると、これは知識や情報ばかりが増えているようにも思えます。

情報の氾濫《はんらん》には、困ったことが起きています。まず情報を峻別《しゅんべつ》できるだけの能力がないと、人は情報に振り回されてしまいます。また、情報だけを集めて、わかった気になってしまってはいないでしょうか。なにか問題にぶつかった時、情報を集めて、知識を得て、「これはこういうものなのだ」とか「こういう時は、こうすればいいのだ」とか、決めつけてしまうことです。

本屋さんに行くと、「○○の方法」「○○の仕方」などの、いわゆる「ハウトゥ（How to）本」がたくさん並んでいます。便利なように見えますが、そこには、自分でいろいろ工夫し、自分で一生懸命考えるということがありません。つまり、情報を集め、その情報を自分で深く考えることをしなくても済んでしまうからです。これは、人間の感情、生身の人間を見失わせてしまうとても恐ろしいことなのです。

「喜怒哀楽《きどあいらく》」というように、人間は泣き、笑い、怒り、さまざまな感情をもって毎日の生活を営んでいます。人間の生き様は多種多様です。人間とはこういうものだとか、人間はこう生きなくてはならないなど、決めつけることはできません。日々の生活の中で、自分自身と向き合いながら、人間とはなんだろう、生きるとはどういうことだろうと、静かに考え続けていくものなのです。

ある神学者が、「『自己とは何だ』という問いは、私たちのアルティメット・コンサーンなのだ」と言いました。「アルティメット・コンサーン」とは、究極の、最終の関心事ということです。私たちは、さまざまなことに関心を向けながら生活しています。あれが食べたいな、今度の△△の歌はいいよ、健康に注意しなくては、と。いろいろなことが起きる私たちの生活、その中で実は私たちの究極の関心事は「自己とは何だ」ということなのでしょう。その問いは、人間の歴史が始まって以来、ずっと続いていることなのです。答えがないのです。つまり自分自身と向き合いながら、考え続けざるを得ない問いだと言えます。

現代社会は情報過多によって、この「問い」を見失わせているように思えるのです。

考えてみよう！

◆物事を正しく、深く見つめるためには、どんなことが必要でしょうか。

六波羅蜜⑥ 智慧《ちえ》

聖教のことば

如来《にょらい》の智慧《ちえ》海は、深広《じんこう》にして涯底《がいてい》なし。

（『仏説無量寿経』巻下・真宗聖典五十頁）

お釈迦さまが在世中のお話です。インドのある地方に、一人の若い母親がいました。この母親は、今まで病気をしたことがなかったので、人が病気で死んだことを話しても、他人事だと思っていました。

この母親には、子どもが一人いました。よちよちと歩けるようになったある日、その子どもが病気にかかり、一晩のうちに死んでしまいました。母親はたいへん嘆《なげ》き悲しみました。なんとかして生き返ることができないものかと思いますが、冷たくなった子どもは再び生き返りません。死んだ子どもを抱きしめてウロウロするばかりでした。

その姿を哀《あわ》れに思った人たちが「あなたのお子さんは死んでしまったのですよ」と言っても、「いいえ死んでいません。病気なのです。どこかにきっと良い薬があるに違いありません」と言って、薬を求めてウロウロと歩きまわるばかりでした。

その様子をご覧になったお釈迦さまは、この母親の姿をたいへん哀れに思い、その母親に声をかけました。母親は「子どもが病気にかかってしまいましたので、良い薬を探しているのです」と言いました。するとお釈迦さまは、「薬はあります」と言われました。

「どこにあるのですか」

「その病気には芥子《けし》の種を二、三粒飲ませればいいでしょう」

「芥子の種ですか」

「そうです、でも種をもらってくる家に条件があるのです」

「その条件は何ですか」

と母親がたずねました。

「今までに一度も死者を出したことのない家から、種をもらってこなければなりません」

お釈迦さまの言葉を聞いた母親は、あちらこちらと芥子の種を求めて歩きまわりました。しかし、どの家にも芥子の種はあるのですが、死者を一度も出したことのない家は、どこにもありませんでした。母親はとてもがっかりしました。そしてよく考えました。お釈

第2章

迦さまの言われた「死者を出したことのない家」という言葉が気になりだしました。

母親はやがて、「死者を出したことのない家など、どこにもないのだ。人間には必ず死ぬ時がくる。私はそれを受けとめることができなかったのだ」と気がついたのです。

その母親は子どもを弔《とむら》って、お釈迦さまのもとへまいり、お釈迦さまの弟子になられたそうです。

私たちは生きていく上で、さまざまな苦しみや悲しみに出会います。科学・医学などの文明はそのような苦しみの克服の中から発展したともいえるでしょう。しかし、一方、人間には生老病死で代表される、どうしてもまぬがれることのできない事実があります。お釈迦さまは母親に、あえて何軒もの家をまわらせて「人間の事実」を教えられました。そこに、お釈迦さまの慈《いつく》しみを感じます。人間には「人生の苦」というものがあるのだ。思うようにならない苦を抱えながら生きていく、それが人間というものなのだ。悲しいのはお前だけではない。これが人間の生涯というものなのだ。今、ここにこうして与えられてある事実を受けとめて、その現実を生きるのだ、と。

母親はお釈迦さまの言葉によって、「人間の事実」をしっかりと見つめる、智慧の眼が開かれたのでしょう。このように眼が開かれた時、人間が抱えざるを得ない苦悩とともに歩もうとする、新たな人生が開かれてきます。そうであるがゆえに、お釈迦さまのもとへ行き、弟子となって、お釈迦さまの教えを学んだのです。

現代の医学・科学など文明の発展によって、本当に大切なものが見失われていくということに、私たちは気がつきたいものです。

考えてみよう！

◆**生き物が逃れられない事柄には、どのようなものがあるでしょうか。**

四法印《しほういん》

聖教のことば

諸法の性《しょう》は、一切空無我なり

（『仏説無量寿経』巻下・真宗聖典四十八頁）

「諸行無常《しょぎょうむじょう》」「涅槃寂静《ねはんじゃくじょう》」「一切皆苦《いっさいかいく》」「諸法無我《しょほうむが》」を四法印といい、仏教の根本思想と言われています。

「諸行無常」は、すべての物（万物）は常に変化して少しの間もとどまらないということ。「涅槃寂静」は、覚りの世界は心の静まった安らぎの境地であるということ。「一切皆苦」は、すべての事柄はみな、苦しみであるということ。そして、「諸法無我」は、いかなる存在も永遠不変の実体（我）はないということを表し、「印」は「しるし」ということです。それは、仏教の基本的な旗印です。

中でも諸行無常は、「祇園精舎《ぎおんしょうじゃ》の鐘の声　諸行無常の響きあり　沙羅双樹《しゃらそうじゅ》の花の色　盛者必衰《じょうしゃひっすい》の理《ことわり》をあらはす　おごれる人も久しからず　ただ春の夜の夢のごとし」と『平家物語』に出てきますから、聞いたことがあるのではないでしょうか。栄えた者も必ず衰える時が来るように、すべてのものは常に変化し、とどまることがない。人生の儚《はかな》さを象徴する言葉として使われます。

親鸞聖人《しんらんしょうにん》は九歳の時、出家得度《しゅっけとくど》を思い立ち、慈円《じえん》のところへ得度式をお願いに行きました。しかし当時は、十五歳にならなければ出家得度ができない決まりになっていました。「十五歳になるまで手習い勉学をするように」と慈円に言われます。しかし、親鸞さまは引き下がりません。今度は「今日は時間が遅い、準備に時間もかかるので、明日出直すように」と得度式を受けさせてくれません。その時、親鸞さまは、

明日ありと　思う心の　あだ桜《ざくら》　夜半《よわ》に嵐の　ふかぬものかは

と歌をうたったと伝えられています。明日咲くつもりの桜も夜中に嵐の風が吹けば、咲くことができずに散ってしまうかもしれない、明日があると思うのは思いだけで、現実にはどうなっているのかはわからないではないかと。慈円は親鸞さまの熱意に押されて、「式は今宵《こよい》すぐに」と承諾されたといいます。

私たちの生活には「また今度」「また来年」、そんな言葉があふれています。この言葉は、

私たちから「今」の尊さを見失わせます。「諸行無常」「諸法無我」は、儚さや空《むな》しさを表す言葉であると同時に、「今」ということの尊さを気づかせてくれます。「今」の尊さに気づかされる世界は、生老病死から逃れようと苦しむことのない安らかな世界なのです。

考えてみよう！

◆常に変わり続ける世の中で、何が本当に大切なことなのでしょう。

五戒①

不殺生《ふせっしょう》

聖教のことば

もし過去にそのたねあらば、たとい、殺生罪《せっしょうざい》をおかすべからず、おかさば、すなわち往生をとぐべからずと、いましむというとも、たねにもよおされて、かならず殺罪《せつざい》をつくるべきなり。

（『口伝鈔』・真宗聖典六五四頁）

お釈迦さまは弟子たちに、生活規範として「戒《かい》」を授けられました。そのいちばん最初に、「生きものを殺してはいけない」とあります。しかし、自分が生きていく中で、生きものを殺さずに生きていくことはできません。私たちは毎日毎日、牛や豚や鳥やたくさんの動物や魚の肉を食べています。いのちあるものを食べているのです。中には、肉や魚は食べずに野菜だけを食べている方もいますが、野菜もやはりいのちあるものです。私たちが食事をすること、生きることは実は、いのちあるものを殺すことにつながります。ですから、私たちは生きるために、いのちを奪って生きているともいえます。

お釈迦さまは、私たちに「大乗《だいじょう》」という願いを伝えてくださっています。大乗とは大きな乗り物のことで、いのちあるものと共に生きていきたい、みんな一緒に救われていこうということです。生きとし生けるものを殺さなくては生きていけませんが、むやみにいのちあるものを殺さないでほしいと願われているのが、お釈迦さまの教えです。大乗の精神を宝として、「殺さない、殺されない、殺させない」という生き方を仏教徒の生き方であるとして、お釈迦さまはお示しくださったのです。

不殺生戒の奥底に流れる、いのちあるものと共に生きたいという大いなる願いを受け止め、共感した時、自ずから殺生しないという歩みが始まるのです。

考えてみよう！

◆食事の時に「いただきます」という言葉は、なぜとなえるのでしょうか。

第2章

五戒②

不偸盗《ふちゅうとう》

聖教のことば

かくのごときの愚人《ぐにん》、僧祇物《そうぎもつ》を偸《ぬす》み、現前僧《そう》物《もつ》を盗《ぬす》み、不《ふ》浄《じょう》に説法す。慚愧《ざんぎ》あることなし。もろもろの悪業《あくごう》をもってして自《みずか》ら荘厳《しょうごん》す。かくのごときの罪人、悪業をもってのゆえに地獄《じごく》に堕《だ》すべし。

(『仏説観無量寿経』・真宗聖典一一九頁)

戒の第二番目に、お釈迦さまは私たちに、「ものを盗んではいけない」と教えてくださっています。

ノーベル平和賞受賞者でケニア環境副大臣だったワンガリ・マータイさんは、日本語の「もったいない」を環境保護の合言葉として紹介しました。マータイさんは来日した際、

「もったいない」という言葉を知って感銘を受け、世界に広めることを決意したというのです。

もったいないという言葉を世界の共通語として広めようとする人がおられる一方、日本語を母国語としている私たちはこの言葉をどれだけ生活の中で使っているでしょうか。

小さいころ、両親や祖父母から「もったいない。ものを大事にしなさい」とよく言われました。しかし、今生活の中で、もったいないという言葉を使ったり、もったいないと思うことが少なくなってきているのではないでしょうか。

あるお年寄りが、昔、お祭りの日にしか出なかったような特別の料理が、今は毎日食べることができている、と言われました。しかし、私たちはぜいたくをしているという自覚がなかなか持てないことも事実です。私たち日本に住む者のほとんどが過栄養状態にあります。そして、食べるものを粗末にし、食べ残しがいつもある状態なのです。

その一方で、テレビや雑誌を見れば、世界の半分の人が栄養失調の状態におかれています。食べることがままならない人がいるのです。

私たちが食べ物として口の中に入れているものは、動物の肉や野菜などです。元々いのちが宿っていました。私にも宿っている、そのいのちをいただいて私は生きているのです。もっと言えば、奪って生きている。他のいのちをいただいて自分が生きていることに無自覚な私たちは、いのちを粗末にしている、それは、いのちを盗んでいるとしか言いようのない生活をしているのではないでしょうか。

考えてみよう！

◆「もったいない」という言葉は、どのようなことを私たちに教えているでしょうか。

五戒③

不邪婬《ふじゃいん》

聖教のことば

人、眠《ねむり》を喜《この》めば、眠《ねむり》すなわち滋《しげ》く多きがごとし。婬《いん》を貪《とん》し酒を嗜《たし》むも、またかくのごとしと。

（『教行信証』信巻・真宗聖典二五三頁）

「仏教を聞くのではなく、仏教に聞くという姿勢が大事です」と教えていただいたことがあります。「に」と「を」の違いだけですが、意味はずいぶん違います。

「仏教を」は、自分の人生に役立つために仏教を利用しようという意味になり、「仏教に」は自分の生き方を明らかにしてもらう、ということになります。あるじとなるものが、仏教であるか自分であるかの違いになります。

仏教は、自分の役に立つ道具ではなく、自分という存在を明らかにしてくれるのです。

自分の思いで善し悪しを判断したり、評価するのではなく、その言葉が私たちに語られている願い、その「戒」に込められている願いをたずねることが大切です。

戒の第三番目の「不邪婬《ふじゃいん》」は、よこしまな男女関係をしてはいけません、ということです。私たちは、よこしまな男女関係や友人関係の存在からなかなか抜け出すことができないことを教えてくださっています。

自分にとって友だちとはどういう関係でしょうか。「友だち」について聞かれると私たちは、友だちと、友だちでない人というふうに考えてしまいがちです。そこには、自分と気が合うから友だちというように、「自分」というものにこだわり、その考えがまとわりついてくるのではないでしょうか。自分にとって都合のよい存在が友だちであり、自分にとって都合の悪い存在は切り捨てているということはないでしょうか。

このことは、男女の関係、中でも「恋」となるとなおさら顕著《けんちょ》に現われてくるようです。自分の欲望を満たす対象であったり、恋をこうあってほしいという自分の理想の対象に求めたり、恋愛の相手が好むように演技したりしてはいないでしょうか。こうした関係のあり方を明らかにしている教えが、不邪婬戒です。

考えてみよう！

◆なぜ、よこしまな関係から抜け出せないのでしょうか。

五戒④ 不妄語《ふもうご》

聖教のことば

仏《ぶつ》の言《のたま》わく、「その四つの悪というは、世間の人民《にんみん》、善を修せんと念《おも》わず。転《うた》た相教令《あいきょうりょう》して共に衆悪を為《な》す。両舌《りょうぜつ》・悪口《あっく》・妄言《もうごん》・綺語《きご》、讒賊《ざんぞく》・闘乱《とうらん》す。

（『仏説無量寿経』巻下・真宗聖典七十一頁）

「不妄語戒」は、嘘はつきません、ということです。他人を困らせるような嘘、自分を飾るような嘘、自分を守るための嘘をついた経験は多くの人が持っているでしょう。

今から五百年ぐらい前、蓮如上人《れんにょしょうにん》は、親鸞聖人《しんらんしょうにん》がお示しくださったように、念仏《ねんぶつ》を称《とな》えることによって幸せになっていく道を私たちにわかるように教えてくださいました。蓮如上人はよく「話し合いをしなさい」と言われ、仏さまの話を聞いたあと、みんなでよく話し合うことを勧めてくださいました。自分を飾らず、自分を守らず、そして、正しいとか間違いであるとかを気にせずに、思っていることをすべて言葉にあらわして、話し合うことが大事だと。

批判されることを恐れて、頑丈な鎧《よろい》を着るのではなく、ありのままの自分を表現することこそ大事です。

蓮如上人が「一向《いっこう》に物をいわざること、大きなる違いなり。仏法讃嘆《ぶっぽうさんだん》とあらん時は、いかにも、心中《しんじゅう》をのこさず、あいたがいに、信不信の儀《ぎ》、談合《だんこう》申すべきことなり」（『蓮如上人御《ご》一代《いちだい》記《き》聞書《ききがき》』・真宗聖典八九〇頁）と言われることと、お釈迦さまが「嘘をついてはいけません」（不妄語戒）と教えていることは、同じことです。

考えてみよう！

◆話し合いをすることは、なぜ大切なのでしょうか。

五戒⑤

不飲酒《ふおんじゅ》

聖教のことば

ことに近年は、いずくにも寄合《よりあい》のときは、ただ酒飯茶《しゅはんちゃ》なんどばかりにて、みなみな退散せり。これは仏法の本意には、しかるべからざる次第なり。

（『御文』・真宗聖典八二八頁）

お釈迦さまは、弟子に「酒を飲んではいけません」と説いておられます。

最近、自分の思いどおりにならない時に荒ぶる感情のまま、「むかつく」という言葉をよく耳にします。

自分のしたいことがあっても、それが全部できるわけではありません。むしろ、自分の思いどおりになることの方が少ないのではないでしょうか。

たとえば、ゲームソフトがほしくても必ず買えるわけではありません。お金が必要ですし、持てるお金には限りがあります。自分の思いどおりにならない時、大人はよくお酒を飲むのかもしれません。

しかし、お酒を飲んだからといって、むかついたり、いらいらしたりすることが、なくなることはありません。一時的にお酒を飲むことによって忘れることはあっても、酔いが覚めれば同じです。むかつく原因は、お酒を飲んでもなくなりません。お酒を飲み続けることによって、いやなことを忘れようとすればするほど、現実を受け止める力がなくなってきます。

お釈迦さまは、酒などによって現実から逃げるのではなく、現実を生きぬくことを勧めておられます。

考えてみよう!

◆お釈迦さまは、なぜお酒を飲むことを戒《いまし》めておられるのでしょうか。

三宝《さんぼう》（仏《ぶつ》・法《ほう》・僧《そう》）

聖教のことば

三宝《さんぼう》というは、一には仏宝《ぶっぽう》、二には法宝《ほうぼう》、三には僧宝《そうぼう》なり。

（『末燈鈔』・真宗聖典六〇四頁）

三宝《さんぼう》とは、三つの宝です。

第一の宝を「仏宝《ぶっぽう》」といいます。真実の道をお覚《さと》りになった仏さまは、私たちに真実の道を示してくださいました。

第二の宝は「法宝《ほうぼう》」といい、仏さまの教えです。仏さまは、私たちに南無阿弥陀仏《なむあみだぶつ》の教えを説いてくださいました。

第三の宝は「僧宝《そうぼう》」といい、僧伽（サンガ）といいます。仏さまの教えを信じ、その教えを大切にして生きている人々の集まりです。

この三つの宝こそ、私たちに、ほんとうに大切なものを与えてくださる宝ものです。私たちは、ともすると世の中の宝を求めます。その宝を得るために一生懸命働こうとします。しかしお金や地位や財産はどれだけ持っても満足しません。それどころか、もっとほしいという思いがふくらむだけです。

以前、若くして成功し、三〇〇億円の財産を持つ人が、その財産を五〇〇億円にしたいと言ったそうです。お金を三〇〇億円持っていても満足できないのです。

あるアンケートで、世界の子どもたちに「あなたの最も大切なものは何ですか」と質問しました。「お金が最も大切」と答えた子どものうち、その割合がいちばん多かったのが日本だそうです。お金は大切ですが、お金が最も大切だというのは悲しいことです。

また、別のアンケートで、「今、幸せを感じていますか」という質問に「はい」と答えた人の、最も少ない国が日本だったそうです。世界の中で日本は経済的に豊かですが、残念なことに「幸せ」を感じている人は少ないのです。

本当に大切なものが何であるかを知らないと、どんなにお金があっても、物がたくさんあっても、幸せを感じることができません。三宝は、私たちに、何が本当に大切なものかを教えてくれています。

考えてみよう！

◆三宝「仏さま」「教え」「教えを聞く仲間」について考えてみましょう。

◆本当に大切なものとは何でしょうか。

三帰依《さんきえ》

聖教のことば

自ら仏に帰依したてまつる。まさに願わくは衆生とともに、大道《だいどう》を体解《たいげ》して、無上意《むじょうい》を発《おこ》さん。

自ら法に帰依したてまつる。まさに願わくは衆生とともに、深く経蔵《きょうぞう》に入《い》りて、智慧《ちえ》海のごとくならん。

自ら僧《そう》に帰依したてまつる。まさに願わくは衆生とともに、大衆《だいしゅう》を統理して、一切無碍ならん。


（『三帰依文』・真宗聖典冒頭）

三帰依《さんきえ》とは、「三つの大切な拠《よ》りどころ」という意味です。

私たちは気がついた時には、人として産んでもらい、人間のいのちを生き、これからも生きていこうとしています。そのいのちを生きるためには何を大切にし、何を拠りどころとして生きていかなければならないのでしょう。

生きるためにはやはり、お金でしょうか。現実社会を見る時、お金がなかったら生きていけないのかもしれません。しかし、逆にお金があったら生きられるかというと、あればあったで、お金に縛られてしまいます。お金なんて必要でないと言っているのではありません。お金という道具を使う側の問題なのです。

また、何はなくても健康だ、健康が一番だ、という言葉もよく耳にします。しかし、これも人間は必ず病気になります。生まれてから今まで病気をしたことがないという人はいないはずです。もちろん病気を経験したからこその実感なのかもしれませんが、健康がよいことで、病気が悪いことという考え方はどうでしょう。

仏教では、人生の拠りどころとして、仏法僧の三宝に帰依すると言います。真宗大谷派では、子どもたちがわかりやすく学ぶために、三帰依を「ちかい」として大切にしています。

私《わたくし》たちは、仏《ほとけ》の子《こ》どもになります。

私《わたくし》たちは、正《ただ》しい教《おし》えをききます。

私《わたくし》たちは、みんな仲《なか》よくいたします。

この三つです。

一つめの仏とは、阿弥陀仏《あみだぶつ》という仏さまです。人生を生きるうえにおいて、仏の願いをたずねていくことが大切です。二つめの正しい教えとは、素直に教えを聞くということでしょう。私たちは正しい教えがなかったら、人として生きることができません。三つめは友だちということです。よく言われるように、人間は人の間を生きるものです。決して一人で生きているわけではなく、共に生きる人があってこそ人となるのです。

宮沢賢治《みやざわけんじ》は言いました。「世界がぜんたい幸福にならないうちは個人の幸福はあり得ない」と。今を生きるすべての人、つまり、世界中の人たちと、共に生きるといういのちでなかったら、私のいのちは生きられない。

師を持ち、その師から教えを請《こ》い、すべての人と共に生きる世界を見いだしていくことが、三帰依の大切な意味です。

考えてみよう！

◆「拠りどころ」とはどんなことでしょうか。私たちは何を拠りどころとしているでしょうか。

三毒《さんどく》①

貪欲《とんよく》—むさぼりの心、執着する心

聖教のことば

田あれば田を憂《うれ》う。宅あれば宅を憂《うれ》う。

（『仏説無量寿経』巻下・真宗聖典五十八頁）

『阿弥陀経《あみだきょう》』の中に、「共命鳥《ぐみょうちょう》」という鳥が登場します。二つの頭に身体が一つという、双頭の鳥です。この鳥は、二つの頭を持ちながら仲良く空を飛ぶことができ、おいしい木の実も食べることができました。

ある時、一方の頭が「いつも俺はあいつの後ばかりついて行く。おいしい木の実も、先にあいつが食べてしまう。あーあ、おもしろくない…。俺は何でも自分の思いどおりにしたい。行きたいところに行き、食べたいものを腹一杯ひとり占めにしたい…。こんなやつ、いなくなったらいいんだ。そうすれば俺は自由になれる」と、思うようになりました。「そうだ、毒の実を食べさせて、殺してしまえばいいんだ」。

　そこでこの頭は、もう一方の頭に言いました。「とってもおいしい木の実がなっている木を知っているから、そこへ行こう」と。そして共命鳥は飛んでゆき、一方の頭は騙《だま》されていることも知らず、毒の実のなる枝にとまりました。

「さあ、ここだよ。おいしそうな実がたくさんなっているだろう。僕も食べるから、きみも食べろよ」

「うん、きみって優しかったんだね」

　もちろん、騙して連れてきた頭は食べません。食べるふりをしていただけでした。もう一方の頭は、喜んでおいしそうな実を見つけて、さっそく一口食べました。すると見る見るうちに顔が青ざめ、目はうつろになり、苦しみ出しました。

　その様子を見ていたもう一方の頭は、「ざまあみろ、これで俺は自由の身だ」と思ったのです。しかし、しばらくして毒を食べた頭の口から胃の方へ入った毒が、全身に回り始めました。そして、とうとうこの二つの頭を持つ、共命鳥は死んでしまったというお話です。

　愚かな鳥だと言って、笑えるでしょうか。

　こう考えられませんか。いくつものいのちが地球という身体に支えられている、と。しかし今日、私たち人間は自分たちの快適さのみを求めるあまり、地球環境は悪化する一方です。

また、家族はどうでしょうか。思いやりの心があるから、お互いがつながっていられるのに、みんながそれぞれ勝手なことをしていたら、家族といえどもバラバラです。

思いやりの心を持ち続けることができず、むさぼり、己《おのれ》に執着し、人を自分の思いどおりにしようとする心――。

親鸞聖人《しんらんしょうにん》はこの私を、「これが私であるとまず気づくことが大切なのだ」と教えてくださっています。

考えてみよう!

◆自分勝手な人間とは、だれのことでしょうか。

三毒②
瞋恚《しんに》—怒り腹立ちの心

聖教のことば

瞋怒《しんぬ》に迷没《めいもつ》して財色《ざいしき》を貪狼《とんろう》す。これに坐《つみ》して道を得ず。当《まさ》に悪趣《あくしゅ》の苦に更《かえ》るべし。生死《しょうじ》窮《きわ》まり已《や》むことなし。哀《あわ》れなるかな。甚《はなは》だ傷《いた》むべし。

（『仏説無量寿経』巻下・真宗聖典六十一頁）

怒り腹立ちの心は、前項で記した貪欲の心と密接に関係しています。自分の思いどおりにしようとするむさぼりの心、自分の都合に合わせた自己中心的な心から、怒りや腹立ちの心が出てくるからです。

『仏説観無量寿経《かんむりょうじゅきょう》』の中には、「王舎城《おうしゃじょう》の悲劇《ひげき》」という物語が描かれています。

頻婆娑羅《びんばしゃら》という王さまと、韋提希《いだいけ》というお妃《きさき》は世継ぎになる子どもがほしくて、占い師にたずねます。すると、占い師は「あと三年お待ちください。今、山で修行をしている仙人が亡くなる。そうするとその後お妃が身ごもられるでしょう」と応えます。それはよかった、と喜んだのですが、三年は長いと思い始めたのです。そこで、仙人が死ねばいいのだからと思い、家来に仙人を殺害するように命じ、首尾よく仙人を殺害することができました。

まもなく韋提希夫人は懐妊《かいにん》し、阿闍世《あじゃせ》という男の子を出産しました。しかし、無理矢理仙人を殺してしまったことが悔やまれ、将来、この阿闍世が自分たちに害をおよぼすのではないかと不安になり、せっかく生まれた我が子を殺そうと、城の高い塀から突き落としました。しかし、阿闍世は、手の指を骨折した程度で助かりました。

やがて、成長し何も知らなかった阿闍世に、提婆達多《だいばだった》(=デーバダッタ。お釈迦さまのいとこ)がよからぬ思惑から、阿闍世に誕生からの一部始終を教えたのです。すると、阿闍世は腹を立て、父である頻婆娑羅を王位から引きずりおろして、牢獄《ろうごく》に幽閉《ゆうへい》しました。

それを知った韋提希夫人は、毎日、夫の頻婆娑羅に会いに行き、隠れて食べ物を差し入れました。しかし、そのことが阿闍世の知るところとなり、韋提希も幽閉の身となってしまいました。韋提希は牢獄の中で、お釈迦さまに救いを求めるのです。

お釈迦さまは求めに応じて、韋提希のいる牢獄へ姿を現し、話を聞かれました。韋提希はお釈迦さまに向かい、なぜ私はこのような目に遭わねばならないのか、このような私を救ってはくれないのかと、まさしく怒り腹立ちの心をあらわにし、自分さえも見失い、受け入れることができずに嘆き問いつめます。お釈迦さまはそのような韋提希に、自分を取り戻すよう、さとされます。苦しみの因は外にあるのではなく、あなた自身にあるのだ、と。

この韋提希の生き方は、他人事ではなく、私たち自身の日常にあることです。ほしいものが手に入り、損をせず得をする、楽しいことばかりになるというようなことは、たとえ一時的に満足しても、またすぐに不満が出てくるのです。根本的な解決になっていないのです。救いとは、不満を持つ自分自身に気づき、私は私でよかったのだと、私自身のいのちの尊さに気づくことなのでしょう。

考えてみよう!

◆怒り腹立ちの心は、どこに原因があるのでしょうか。

三毒③

愚《ぐ》痴《ち》
―わがままな心

聖教のことば

おのおの貪欲《とんよく》・瞋恚《しんに》・愚痴《ぐち》を懐《いだ》きて自《みずか》ら己《おのれ》を厚《あつ》くせんと欲《おも》えり。多くあることを欲貪《よくとん》す。尊卑《そんぴ》上下、心倶《とも》に同じく然《しか》なり。家を破り身を亡《もう》じて前後を顧《かえり》みず。

（『仏説無量寿経』巻下・真宗聖典六十八頁）

愚痴《ぐち》は、自分がおかれている状況を他と比較することで、受け入れがたい状態が起こってきた時、不平不満という形で出てきます。それは、本当の私のあり方がわからないことから起こります。

芥川龍之介《あくたがわりゅうのすけ》の『杜子春《とししゅん》』というお話があります。

唐《とう》の都・洛陽《らくよう》の門前に、杜子春という若者がたたずんでいました。鉄冠子《てっかんし》という仙人に二度にわたり大金持ちにしてもらったのです。しかし二度とも、お金を使い果たした杜子春は思うのです。お金のある時はお世辞を言いながらすり寄ってくる人も、いったんお金が無くなると見向きもしてくれない、と。杜子春は人間の醜さや薄情さに気づいたのでした。

次に杜子春は、仙人にしてほしいと頼みます。仙人は杜子春に、どんなことがあっても絶対に声を出してはならぬと、仙人になるための課題を与えます。杜子春は約束を守り、どんな魔性《ましょう》が襲ってきても声を出しませんでした。とうとう、その魔性に殺されてしまいます。そして、地獄の閻魔大王《えんまだいおう》の前に連れて行かれ名前を聞かれるのですが、それでも答えず、地獄の責め苦に遭わされました。なかなか声を出さない杜子春に閻魔大王は鬼たちに命じて、杜子春の両親を連れてこさせます。

両親は畜生道《ちくしょうどう》に落ち、馬にされていました。杜子春の面前に、馬になった両親が連れてこられました。そして「骨が砕けるまで打ちのめせ」という声に、鬼たちは容赦なく鞭《むち》を入れました。もだえ苦しむ馬から「心配をしなくてもよい。私たちはどうなっても、お前さえ幸せになれるのなら、それより結構なことはないのだからね。大王が何とおっしゃっても、言いたくないことは黙っておいで」という紛《まぎ》れもない母親の声がして、思わず杜子春は「お母さん」と一言叫んで抱きつきました。とたんに目の前の景色は一変して、杜子春はまた洛陽の門前にたたずんでいたのです。そして仙人の問いかけに、仙人になれなくて良かったと言います。今まで自分のことなど誰も認めてくれず、それならば自分さえよかったらいいのだという気になっていました。母親の、自分を犠牲にしてまでも息子のことを思う声を聞いて、ハッと気づかされました。こうして最後には、仙人の力を借りることなく、人間らしい正直な暮らしがしたいと言います。

愚痴――貧乏な自分を受け入れられない杜子春は、二度にわたり金持ちにしてもらいながら、結局人の心の醜さだけに気づき、自分に気づくことができませんでした。仙人になり損ねた時、初めて母親の声が、杜子春に人間の本当のあり方を気づかせたのです。お金や物ではない、本当に大切にしていかねばならないこと、杜子春の言葉の「人間らしい正直な暮らし」は、人として生きることを与えられた、いのちに気づくことであり、そのはたらきに気づくことです。

考えてみよう！

◆**私たちは、どんな時に愚痴を言うのでしょうか。**

本願《ほんがん》

聖教のことば

仏《ぶつ》の本願力《ほんがんりき》を観《かん》ずるに、遇《もうお》うて空《むな》しく過ぐる者なし、能《よ》く速《すみ》やかに功徳《くどく》の大宝海《だいほうかい》を満足せしむ。

（『無量寿経優婆提舎願生偈（浄土論）』・真宗聖典一三七頁）

人間

みじめなものだ
うまれる
大きくなったら　勉強する
学校を出て働《はたら》く
けっこんする

働いているうちに年をとる
病気などで死んでいく
みじめなものだ
考えるといやになる
心の底からつめたくなる
なぜ　こんなに
人間は生きているのだろうか
父は　少し前に死んだ

これは小学五年生の少女の詩です。彼女は父親の死にあって、自分もまた死ぬものであることを知ったのだと思います。彼女はそれまで、勉強すること、学校を出ること、働くこと、そして結婚することが、生まれてきた意味や喜びだと思っていましたが、そうではないことに気づいて驚いています。「みじめなものだ」とは、「なんと空《むな》しいことだ」ということでしょう。

しかし、空しい自分に気がついた彼女には、死によっても消えない、生まれてきた本当の意味や喜びを知りたいという、深い思いがこみ上がってきたのではないでしょうか。この思いは、彼女だけではなく、私たちみんながもっている大切なものです。

その私たちの思いにこたえてくださっているのが、いきいきと生きることのできる世界「浄土《じょうど》」に、すべての人を生まれさせずにはおけないという阿弥陀如来《あみだにょらい》の「本願《ほんがん》」です。

植物の表面の姿は、幹や枝や葉ですが、大地の中は深く見えないけれども、幹や枝や葉を支えて、生かそう生かそうとはたらいている根っこをもっています。根っこのはたらきを受けて幹や枝や葉は、いきいきと生涯をまっとうしていきます。

実は私たちにも、目には見えないけれども、植物の根っこのような人間の根っこがあります。この人間の根っこを阿弥陀如来といいます。私たちを支え、本当の喜びと意味のある生活を、まっとうさせようとするはたらきを阿弥陀如来の本願といいます。

私たちは阿弥陀如来の本願によって、浄土が自分の根っこであること、本当の拠《よ》りどころであることに目覚めた時に、初めて人間に生まれたことの意味と喜びを知ることができるのです。そして、浄土を拠りどころとした新しい生活が始まるのです。


考えてみよう！

◆人間に生まれたことの意味と喜びとはどのようなことなのでしょうか。

念仏《ねんぶつ》

聖教のことば

しかれば名《みな》を称するに、能《よ》く衆生《しゅじょう》の一切の無明《むみょう》を破し、能く衆生の一切の志願《しがん》を満てたまう。称名《しょうみょう》はすなわちこれ最勝真妙の正業《しょうごう》なり。正業はすなわちこれ念仏なり。念仏はすなわちこれ南無阿弥陀仏《なむあみだぶつ》なり。南無阿弥陀仏はすなわちこれ正念《しょうねん》なりと、知るべしと。

（『教行信証』行巻・真宗聖典一六一頁）

阿弥陀如来《あみだにょらい》の本願《ほんがん》は、すべての人を浄土《じょうど》に目覚めさせ、その浄土を拠《よ》りどころとして、生きてほしいという願いです。私たちは本願により、はじめて人間に生まれたことの本当の意味と喜びを知ることができるのです。阿弥陀如来はその願いをかなえるために、自ら南無阿弥陀仏と名のり、それを聞かせて浄土に目覚めさせようとはたらいておられます。そのはたらきにより、「南無阿弥陀仏」と仏さまのお名前をお呼びすることを「念仏《ねんぶつ》」といいます。「しかれば名《みな》を称するに、能《よ》く衆生《しゅじょう》の一切の無明《むみょう》を破し」と、親鸞聖人《しんらんしょうにん》はいわれました。仏さまのお名前を称えると、大切なことを見失っている私の無明が破られるといわれているのです。

無明とは仏さまの教えを疑うことです。この無明という闇を破るはたらきが「南無阿弥陀仏」という念仏にあるのです。念仏のはたらきを「誠《まこと》にこれ濁世《じょくせ》の目足《もくそく》とす」と、親鸞聖人は目と足に喩《たと》えられました。霧が濃い山道を歩く時や、濁った水中を泳ぐことを想像してみてください。前が見えないので怖くて不安になったり、前に進むことをあきらめたりしてしまうかもしれません。そのような世界で真実を見抜く目となり、生きていくための足となるのが念仏なのだと教えてくださいました。

念仏とは、いきいきと生きることのできる浄土という世界に、目覚めさせようとはたらいてくださっている、阿弥陀如来から私への目覚ましの言葉です。阿弥陀如来は、本当の拠りどころを見失って、空しい自分になってしまっているすべての人に、「生まれてきたことの本当の意味や喜びに気づいてほしい」と願いを込めて、南無阿弥陀仏と、今、現に呼びかけ続けておられるのです。

考えてみよう！

◆念仏は、なぜ声に出して称えるのでしょうか。

信心《しんじん》

聖教のことば

あらゆる衆生《しゅじょう》、その名号《みょうごう》を聞きて、信心歓喜《しんじんかんぎ》せんこと、乃至一念《ないしいちねん》せん。心《しん》を至《いた》し回向《えこう》したまえり。かの国に生まれんと願ずれば、すなわち往生《おうじょう》を得て不退転《ふたいてん》に住す。

（『仏説無量寿経』巻下・真宗聖典四十四頁）

阿弥陀如来《あみだにょらい》は、本当の拠《よ》りどころを見失って、空《むな》しい自分になってしまっているすべての人に、「生まれてきたことの本当の意味や喜びに気づいてほしい」と願い、南無阿弥陀仏と呼びかけ続けておられます。その呼びかけにより、浄土《じょうど》が本当の拠《よ》りどころであることに目覚めた心を、「信心《しんじん》」といいます。

みなさんは、親に「明日は早く学校に行くので、朝〇時に起こしてね」と頼んだことはありませんか。頼まれた親は、その時間に「起きなさい」と起こします。寝ぼけている間は、「だれかがだれかを起こしているな、うるさいなー」というふうにしか聞こえませんが、「あっ、これは、自分を起こしている声だ」と、はっきり聞こえた時は、目が覚めた時です。私たちが阿弥陀如来の呼びかけにより、本当の自分に目覚めることは、それに似ています。

「山口さんちのツトム君」という歌があります。

一番は、

「やまぐちさんちの　ツトムくん　このごろ　すこし　へんよ　どう　したのかな
ひろばで　あそぼって　いっても　えほんを　みせるって　いっても　いつも　こたえは　おなじ　あとで　つまんないなあ」

三番が、

「やまぐちさんちの　ツトムくん　いなかへ　いってた　ママが　かえって　きたら　たちまち　げんきに　なっちゃって　いなかの　おみやげ　もって　きた　つんだばかりの　いちご　ちょっぴり　すっぱいね」

この歌のツトム君と同じように、幼いころは、お母さんが一緒にいてくれるだけで、安心し、満足して、力いっぱい遊ぶことができました。私たちは阿弥陀如来が、自分と一緒にいて自分を支えてくださっていたことがわかれば、何があっても消えることのない深い喜びが込み上げてきます。

阿弥陀如来の呼びかけがはっきりと聞こえた時、私たちは浄土が本当の拠りどころであることに目覚め、人間に生まれてきた本当の意味を知ることができます。そして、たとえどんな自分自身であっても、引き受けていくとともに、どんな人とも浄土の朋《とも》として出《で》遇《あ》っていくという生き方が始まります。

考えてみよう！

◆信心は私にどのようにして成り立つのでしょうか。

聴聞《ちょうもん》

聖教のことば

宿世の時、仏を見たてまつれる者、楽《この》んで世尊の教を聴聞《ちょうもん》せん。

（『教行信証』行巻・真宗聖典一六〇頁）

「聴聞《ちょうもん》」とは、仏さまの教えを聞くことです。聴法《ちょうほう》、聞法《もんぼう》とも言われます。「聴」も「聞」も「きく」という意味ですが、経典には「聴」を「ゆるす」という読みもあります。親鸞聖人《しんらんしょうにん》の著書の中には、「聴聞」を「ユルサレテキク　シンジテキク」と注釈《ちゅうしゃく》されているものもあります。こうしてみると、聴聞というのは、ただ教えを聞くというだけではなく、聞く時の姿勢や精神をも含めて言われているようです。

つまり、自分は誰の話をどのように聞くのかということが、「聴聞する」ことにとって、大事な要素なのです。

親鸞聖人は、心から尊敬する先生のおっしゃることを「ただ親鸞一人《いちにん》がためなり」として聞かれました。これは一見、主観的であり普遍性に欠けると思われがちですが、まず自分がうなずけるのか、まず自分のための話なのかということは、人々もうなずき、人々のためであることを示すことになります。

私たちは、初めから普遍的なものを求めたがりますが、それがいつしか一般論になったり、誰のためにもならない無意味なものが結論だったりします。普遍的ならば必ず、この私というところにまで付随《ふずい》するはずですし、また、私ということを見落としては普遍にはなりません。ですから、この私自身のために聞くのだ、という姿勢がまず第一です。

次に、それが私のためならば、私のために語られる相手は、私にとってますます大切な方になってきます。そのお姿を親鸞聖人は、「ユルサレテ　シンジテ」という言葉をもって表現されています。

どんな真実なる言葉であっても、それを語る人によっては誰のためにもならない無意味な言葉になってしまう時があります。語る人が、自らもうなずき、自分のためであったことを実感された人であればこそ、人に語らい、そしてうなずかれていくのではないでしょうか。「ユルサレテ」とか「シンジテ」ということは、語る人に対する深い尊敬の心があることを示しています。

最後に、その語られる言葉・内容も大事な要素になることは、言うまでもありません。親鸞聖人は、「「聞」と言うは、衆生《しゅじょう》、仏願の生起《しょうき》・本末《ほんまつ》を聞きて疑心《ぎしん》あることなし」(『教行信証』信巻・真宗聖典二四〇頁)と示しています。つまり、仏法を聞くということは、仏さまの願い(本願《ほんがん》)が顕《あらわ》れてくる一部始終を、自ら「なるほど」と思うまで聞くということである、と教えてくださっています。

したがって、仏法を聴聞するということは、ただ、よい話を聞いたとか、役に立つ話を聞いたということではなく、その言葉にうなずく自分に出遇《であ》うことなのです。

考えてみよう!

- ◆自分にとって本当にすばらしい先生とは、どんな先生でしょうか。
- ◆仏さまはどんなことを願われているのでしょうか。

浄土《じょうど》

浄土《じょうど》とは、仏さまの国のことで、それぞれの仏さまの浄土があります。その中でも、ことに阿弥陀仏《あみだぶつ》の国は、「浄土」とか「極楽」などと呼ばれ、そこに生まれることを中心として教えが説かれています。

一般的には、「浄土」や「極楽」は死後の世界として受け止められていますが、本来は生きていることの迷いや苦しみ、また、死の迷いや苦しみという、生死の両方ともに救われて

聖教のことば

序《はじ》めに法蔵菩薩、世自在王仏の所《みもと》にして無《む》生忍《しょうにん》を悟《さと》る。そのときの位を聖種性と名づく。この性の中にして四十八の大願を発《おこ》して、この土を修起したまえり。

（『教行信証』真仏土巻・真宗聖典三一四頁）

いく世界を示しています。ですから、生きている世界に対しての死後の世界を示しているのではありません。言うならば、生も死も含めた迷いの現実から、目覚めていく世界を「浄土」や「極楽」というのです。

その浄土を建立されるいわれが『大無量寿経《だいむりょうじゅきょう》』に説かれています。遙《はる》かに遠い昔、世自在王仏《せじざいおうぶつ》という仏さまがおられました。その仏さまの説法を聞いた一人の国王が、心からうなずかれ、自分も仏道を求めようと、国を捨て、王位を捨てて、修行者になられました。その方の名を法蔵菩薩《ほうぞうぼさつ》といいます。やがて法蔵菩薩の願いが成就《じょうじゅ》して、阿弥陀仏と名《な》告られたのです。

私たちの迷いの現実は、煩悩《ぼんのう》による穢《けが》れから穢土《えど》とも呼ばれ、阿弥陀さまは、私たちの世界を深く悲しまれました。そして、清浄《しょうじょう》の土という意味の浄土を建てられ、苦しみの中にいる私たちを助けようとされているのです。

浄土の清浄は、国土の清浄と、その国の人々の清浄という両方が備わらないと清浄ではないと説かれています。それは、料理とその器にたとえられ、おいしい料理も汚れた器に盛ると料理も腐るし、また清らかな器に腐った料理を盛ると器まで穢れるという、比喩をもって教えられています。したがって、私たちが、清らかな浄土に生まれるということは、私たち自身も清らかな者になっていくことを意味するのです。

私たちの世界が穢れているのは、私たち人間も穢れている、つまり、穢土は、どちらも汚れているから、汚れが見えないのです。浄土という清らかな世界に照らされてはじめて、私たち人間の汚れ、世の中の汚れが見えてくるのです。

考えてみよう！

◆阿弥陀さまは、私たちの世界をなぜ悲しまれたのでしょうか。

◆私たちや世の中のことを、なぜ「穢れ」というのでしょうか。

往生《おうじょう》

聖教のことば

それ衆生《しゅじょう》ありて、かの国に生《う》まるれば、みなことごとく正定《しょうじょう》の聚《じゅ》に住《じゅう》す。

（『教行信証』証巻・真宗聖典二八一頁）

往生《おうじょう》とは、仏さまの世界に往《ゆ》き生まれることですが、一般的には「極楽往生」というように阿弥陀《あみだ》という仏さまの浄土に生まれることを言います。お経の中にも親鸞聖人《しんらんしょうにん》のお言葉にも「浄土に生まれる」という表現もありますし、また「浄土に往生する」という表現もあります。どちらも同じ内容ですが、浄土に生まれることをよりはっきりするために「往く」と「生まれる」とをもって表現されています。「往く」というと延長線的な継続性を連想させますし、「生まれる」となると、断続的な一つの境界を乗り越える転換を連想させます。まるで反対の意味のような言葉を合わせて、何かを表現しているのではないかと思います。

まず、「生まれる」という表現は、生きている世界から死後の世界へと生まれ変わるということを連想させますが、そうではなく、浄土と私たちの世界との隔《へだ》たりを意味しています。

また、「往く」というのは、ただ「行く」のではなく往来という意味があります。つまり「帰ってくる」意味を含めての「往く」なのです。これは、「浄土」という言葉と密接な関係の中で示されてくる言葉で、「往来《おうらい》する」ということは、浄土と私たちのこの世界とを往来するということです。つまり、私たちの生きている現実世界が浄土に照らされ、この現実が欲望や憎しみや、自分勝手な心に穢《けが》れ、濁りきった世の中が見えてくるということです。

浄土に生まれるということは、この現実世界がどういうものかを、はっきりと見抜いたということと同じです。この現実世界をはっきりと見破ったならば、この現実世界をどう生きていけばいいのか決定づけられたということです。ですから、浄土に往生することを、「正定聚《しょうじょうじゅ》に住す」とも「不退転《ふたいてん》に住す」とも言われます。

したがって、「往生」という言葉は、現実逃避の言葉ではなく、むしろこの現実を正しく見つめ、どのように生きていくべきかを明らかにする、積極的な言葉なのです。

しかし実際のところ、死に対しても「往生」という言葉を使います。これを、生きている私たちからみれば、死後の世界へ生まれ変わるように思ってしまいますが、死ぬ本人からみれば、死はこの現実世界との決別でありましょう。死ぬ人にとって往生とは、この汚れた現実の世界と決別することが「決定する」ことなのでしょう。それは、即ち自分の身をもって「人間は必ず死ぬのだ」という現実の姿を、私たちに教えてくださっている姿なのではないでしょうか。

考えてみよう！

◆自分の人生を、どのように決心するのでしょうか。

同朋《どうぼう》―人は道を求める

聖教のことば

聖人《しょうにん》は御同朋《おんどうぼう》・御同行《おんどうぎょう》とこそかしずきておおせられけり。

（『御文』・真宗聖典七六〇頁）

同朋は、「どうぼう」と読みます。意味は、教えを聞く仲間たちや、道を求めて生きる人たち、ということです。浄土真宗《じょうどしんしゅう》の門徒《もんと》や、ひとつのグループの人たちだけをさす言葉ではありません。もしそうならば、閉鎖的でとても小さな集団ということで終わってしまいます。

人はみな、生きていく道を求める心をもっていると言われます。それはいったいどういうことなのかを考えてみましょう。

夜、町の中をものすごい音を立ててバイクや車で暴走する人たちがいます。その人たちをさして、ある先生がこんなことを言っていました。

「暴走をしている人の中にも、道を求める心が宿っています。みんなから注目をされたい、誰もがふりかえるような生き方がしたい、そういう心が、あの暴走をしている人たちの中に宿っているのです」と。

暴走をするという行為は、決して好ましいことではありませんが、暴走をする人たちの心の中に、誰もがふりかえるような生き方がしたいという心があるというのです。ただ暴走という行為が、誰もがふりかえる生き方なのかどうかというと、そうではありません。方向が間違っています。でも、暴走をしている人たちの心の中には、道を求める心が確かにあるというのです。

暴走をしている人にのみ、道を求める心があるのではありません。実は、私たちの中にも、同じく等しく、道を求める心があります。たとえ、どのように生きていいのかわからず、まるで暗闇の中をさまよっているかのような気分になったとしても、また、たとえ、空しさや苦しさの中に、一人ぽつんといるかのような気分になったとしても、私の心の奥底では、「生きていきたい」と叫び続ける心があります。

このような心を持った人たちのことを、浄土真宗の宗祖《しゅうそ》である親鸞聖人《しんらんしょうにん》は、心からの敬いを込めて「同朋よ」と呼びかけ続けられています。

同朋とは、時代を超え、国境を超えて、この世に生を受けた人たちすべてをさす言葉です。思い、煩《わずら》い、悩み、涙するすべての人たちに「今ひとたび人間として生きる道を求め続けよう」という、あたたかな願いのこもった呼びかけの言葉です。

私もあなたも、みな「同朋よ」と呼びかけられています。同朋よ、ともに道を求めて、この与えられた人生を、精いっぱい生きていく人となろう！

考えてみよう！

◆私たちは仲のよい人だけを、友だちだと思っていないでしょうか。
◆自分の中にも「生きていきたい」という心があることを、ふりかえってみましょう。

縁起《えんぎ》
―縁《よ》って起《お》こる

聖教のことば

これ有《あ》るときかれ有り、これ生《しょう》ずるよりかれ生ず。これ無きときかれ無く、これ滅《めっ》するよりかれ滅する。

（阿含経）

お釈迦さまは、今から二五〇〇年ほど前に、釈迦族の王子として生まれました。名を「ゴータマ・シッダールタ」といいました。立派な宮殿に住み、いろいろな才能に恵まれ、何ひとつ不自由なく暮らしていました。ところが、命あるものは必ず年老い、病気になり、死んでいくという事実に直面し、たいへん悩みます。なぜ人間は生まれてきたのだろうか、苦しみや悩みから解放される道はないのだろうか、と。

シッダールタは、苦悩を超える道を求めて、王子の位を棄《す》てて城を出ていきます。

二十九歳の時のことでした。その後、冥想《めいそう》修行や苦行《くぎょう》を重ねても、苦悩を超える道はなかなか見つかりませんでした。ついに三十五歳の時、すべてのものは「縁」によって成り立っている「縁起」という事実に目覚めました。生まれる縁がととのえば生まれ、死ぬ縁がととのえば死ぬ。その事実を受け入れられずに、ただ生のみに執着するところに、苦しみの原因があるのだと気づいたのでした。

たとえば、親子という関係を考えてみると、親と子というのは、はじめに親がいて子どもが生まれるのではありませんね。子どもが誕生して、はじめて「親」という名をいただくのです。「子」という「縁」によって、「親」が誕生する。つまり、親と子は、「等しい」ということです。その等しいというところに、「共に生きる」ということがいただけるのではないでしょうか。

「どんな人も皆、縁って生きているのです。それで何が表されるかというと、『自分』というものによって人間生きているわけじゃないのです」と教えてくださった先生がいます。「縁起がいい」とか「縁起が悪い」といって、自分の都合ばかりを考えて生きていくとするなら、それは、命の尊さを見失った生き方になっているのかもしれません。

「縁起」というのは、命の等しさ、人生の豊かさを教えてくれる大切な言葉です。

考えてみよう！

◆私たちが、本当に等しく生きられるということは、どのようなことに気づいていけばいいのでしょうか。

おとき（斎）

聖教のことば

忍辱精進《にんにくしょうじん》にして心を一つにし智慧《ちえ》をもって転《うた》た相教化《きょうけ》して、徳を為《な》し善を立てて、心を正しくし意を正しくして、斎戒清浄《さいかいしょうじょう》なること一日一夜すれば、無量寿国《むりょうじゅこく》にありて善を為《な》すこと百歳せんに勝《すぐ》れたり。

（『仏説無量寿経』巻下・真宗聖典七十七頁）

「おとき」というと、法事の後でいただく食事ということになっていますが、食事も大切な仏事とさせていただくことが、「おとき」です。法事とは仏法《ぶっぽう》の事、つまり法とは仏の教えです。私たちが生きるためにどうあるべきかと、教えていただくことです。

では、食事はどうでしょう。人間は栄養をとらないと生きていけません。それは主に、食事によって体の中に栄養をとり込み、いのちを保っていますから、食事は具体的に、いのちを維持するために大切なことです。

昔から私たちの先人は、「おとき」（食事）からたくさんのことを学んでこられました。人間は健康でさえあれば、体に栄養を取り込めば生きられます。しかしそれは、動物が生きるために食べるような餌ではありません。目には見えませんが、食事には、愛情もあれば、思いやり、喜び、豊かさなどがあり、私たちは栄養以上の大切なものをいただいているのです。「おとき」となれば、なおさらでしょう。そこに仲間があり、つながりを感じます。その中心に「教え」があります。

真宗の「おとき」は、蓮如上人《れんにょしょうにん》が勧められた「講《こう》」（寄《よ》り合《あ》い談合《だんごう》）が大きな役割を果たしてきました。形態《けいたい》はずいぶん変わりましたが、今でも各地の寺院には「二十八日講」や「御命日講」など、いろいろな名前で残っています。そして講が開かれる時には、「おとき」がよく出されます。

そもそも民家を道場に、念仏を広めていかれたのが蓮如上人《れんにょしょうにん》です。いろり端を中心に食事をしながら、家族の人たちに、仏法の話をわかりやすく説かれたのです。

その名残《なごり》が、各地に残る「お講」です。そこでは大きな鍋で、前日から炊くお汁があります。俗に「お講汁」と言います。季節の野菜を入れて炊き込み、味噌味で仕上げるのが主です。だいこん、里芋、にんじん、カボチャ、ゴボウなどの精進料理《しょうじんりょうり》です。それに、ご飯一膳《いちぜん》とおつけものという、一見すると質素な食事ということになりますが、昔は人々にとって、これが最大のごちそうでした。今では逆に、こんなに美味しい、しかもヘルシーな食事はそうあるものではありません。

おときの時間は豊かで楽しく、賑やかなものです。作り手も、いただく側も一体となって、その時間を共有します。食事では口を開けるせいか、不思議と参会者の人たちとの会話がはずみます。つまり日常の生活から、仏法は響いてくるのです。

しかし、ここで忘れてはならないことは、私たちが口にするものは、以前命を持っていたものであり、その命を食しているということです。私たちが食事の時に称える食前・食後の言葉は、大切なことを教えてくれています。

○食前の言葉

み光《ひかり》のもと　われ今《いま》さいわいに　この浄《きよ》き食《しょく》をうく　いただきます

○食後の言葉

われ今《いま》　この浄《きよ》き食《しょく》を終《お》わりて　心《こころ》ゆたかに　力身《ちからみ》にみつ　ごちそうさま

「おとき」とは、このような命の現場に身を寄せることなのですね。

考えてみよう!

◆「浄き食」とは、どのような心から生まれてくる言葉でしょうか。

帰命《きみょう》―本当の拠《よ》りどころ

聖教のことば

帰命ともうすは、如来の勅命《ちょくめい》にしたがうこころなり。

（『尊号真像銘文』・真宗聖典五一八頁）

「帰命《きみょう》」とは、インドの古い言語であるサンスクリットで「南無《なむ》」（ナーム）と発音する言葉の漢訳であり、「帰依《きえ》」・「拠りどころとせよ」・「拠りどころといたします」という意味です。

私たちは、いろいろなことを拠りどころにして生活しています。しかし、その拠りどころとしているものを確かめることはあまりしないのではないでしょうか。お金や健康も大切ですが、本当の意味ではあてになりません。もっとわかりやすいものが、流行や常識と呼ばれるものでしょう。流行のファッションや歌など、その時は「これが一番すばらしい」と思ってしまいがちですが、次のものが出てくると、とたんにみすぼらしく思えたりします。常識も、その時代の多数の人が考えやすいものが当たり前となっているだけで、時が経てば色あせたり、古くさかったり、時として全く反対のことが常識になったりしますす。そうしますと、その時々、いろんなことに振り回されている「私の思い」もあてにならないと言えるのではないでしょうか。

お釈迦さまは、そういうあてにならないことを見破り続け、しかも、あてにならないことに振り回されているからといって決して見捨てないはたらきを、インドの言葉で「阿弥《あみ》陀仏《だぶつ》」と呼ばれました。そして、そのことを拠りどころとして生きることの大切さと尊さを、「南無阿弥陀仏」と教えてくださいました。

そうしたことから、「南無阿弥陀仏」とお念仏を称えることとは、あてにならないものを拠りどころとしていた生活から、あてにならないものを棄て続ける生活への転換だとも言えるでしょう。帰命が、具体的な作法となったのが「礼拝《らいはい》」です。

考えてみよう！

◆あてになることと、ならないことは、どのようにして見分けたらよいでしょうか。

礼拝《らいはい》―頭のさがるものに出遇う

聖教のことば

『菩薩戒経《ぼさつかいきょう》』に言《のたま》わく、出家《しゅっけ》の人の法は、国王に向かいて礼拝せず、父母《ぶも》に向かいて礼拝せず、六親に務《つか》えず、鬼神《きじん》を礼《らい》せず、と。

（『教行信証』化身土巻・真宗聖典三八七頁）

礼拝《らいはい》の大もとには、私たちの迷いの姿を気づかされ、迷いを超えさせてくださるはたらきを持たれた仏さまを敬い、手を合わせ、頭をさげるということがあります。それが、普段のお参りの作法となっています。最も重い作法には、「五体投地《ごたいとうち》」といって、全身で地にひれ伏してお参りするものもあります。

私たちは、他の人や仏さま・神さまに「お金が儲《もう》かりますように」などと自分にとって都合のいいことをしてくれるようにお願いする時、頭をさげます。また、自分にとって都合のいいことが起こった時も頭をさげます。しかしそれは、決して相手を敬っているのでなく、自分の思いをかなえるための道具にしているに過ぎません。ですから、私たちが自分の都合に立つ時は、どんなに親しい友だちやお父さん・お母さん・兄弟・夫婦、そして仏さま・神さまさえも、みんな道具としてしまっているのです。そうなると、人間関係は、役に立つか役に立たないかによることになってしまいます。そういう私たちの生きざまを悲しんで、「そのような関係は、本当のものではないと気づいてくれ」と願い続けておられるのが仏さまです。とりわけ、その願いを「本願《ほんがん》」という形で表された仏さまが「阿弥陀《あみだ》如来《にょらい》」です。阿弥陀如来は、本願の中で、「自分以外のすべてのものが救われなければ自分の願いは成就《じょうじゅ》しない」と説かれています。それは、自分の満足より、すべての人が本当の意味で満足することを願うという形で表された、仏さまの尊いはたらきでもあるのです。

礼拝とは、すべてを道具にするような頭をさげる生き方から転じて、迷いを超える願い、はたらきをもった仏さまを敬い、その前に頭がさがり、その願いの声を聞かせていただく生活、その姿の表現といえます。

考えてみよう！

◆頭がさがるとはどのようなことから起こってくるでしょうか。

求道《ぐどう》―自分をたずねて、人生を歩む

聖教のことば

東の岸にたちまちに人の勧《すす》むる声を聞く。「仁者《きみ》ただ決定《けつじょう》してこの道を尋《たず》ねて行け、必ず死の難なけん。もし住《とど》まらばすなわち死せん」と。また西の岸の上に人ありて喚《よぼ》うて言わく、「汝《なんじ》一心に正念《しょうねん》にして直ちに来《きた》れ、我よく汝《なんじ》を護《まも》らん。すべて水火の難に堕《だ》せんことを畏《おそ》れざれ」

(『教行信証』信巻・真宗聖典二二〇頁)

「求道」とは、仏さまが明らかにしてくださった道を求めて歩むということです。その道とは、私たちが自分の人生を丸ごといただいて歩むことのできる道です。

私たちは普段、「未来」と「過去」にばかり振り回されがちです。その証拠に、「ああなるといいなあ」と自分の都合のいいことばかりの未来を思い描いていますし、また、「あの時、こうしておけばよかった」と過去を悔《く》やみます。なぜそうなるのかといえば、今という時がいつも納得できないからです。しかしながら、私たちの身は、「今」というかけがえのない、二度と巡ってこない現実を生きているのです。それがいただけず納得できないのなら、どんな未来が現実となっても満足は得られないでしょう。

時々自分の思いがかなう時があり、喜びが湧いてくることがあります。その姿をお釈迦さまは「天上界《てんじょうかい》」と呼び、それも迷いの姿だと教えられます。たとえば、ほしいおもちゃが手に入ったとします。しばらくはとても嬉しい気持ちになりますが、そう長続きはしません。そして、またその心を満たそうと、次を求めて苦しみます。自分の思いを満たすことが幸せだと勘違いしている限りは、その繰り返しでしかないのです。その迷いの人生を超える道を教えてくださるのが、仏さまです。

お釈迦さまは、出家《しゅっけ》の道と、在家《ざいけ》の道との二通りを説かれました。出家の道は、迷いが起こらないように自分を鍛え上げていく修行の道です。在家の道は、親鸞聖人《しんらんしょうにん》がいよいよ明らかにしてくださいましたが、迷いやすい普段の生活の中に、その迷いをきっかけ(縁)として、迷いの元を仏さまにたずねながら人生を歩む道です。

二つの道に共通しているのは、仏さまのお話を聞いている時だけでなく、私たちが、喜んだり、悩んだり、苦しんだり、悲しんだりしている生活そのものが、そのまま「私の姿」を教えてくださる仏さまと出遇うきっかけだ、ということでしょう。その時、私の都合の「いい」「悪い」を超えて、今を丸ごといただける人生が開かれてくるのです。

社会に起こってくるさまざまな問題・事件も、迷っている私と同じく、人間の都合によって引き起こされてきます。私と無関係どころか、共通の課題として共に歩ませていただく事柄として世界がひらけてくるようになります。

考えてみよう！

◆人間の苦しみや悩みはどこから起きてくるのでしょうか。

自覚《じかく》

―本当の自分に気づかされる

聖教のことば

汝《なんじ》はこれ凡夫《ぼんぶ》なり。心想羸劣《るいれつ》にして未《いま》だ天眼《てんげん》を得ず、遠く観《み》ることあたわず。

(『仏説観無量寿経』・真宗聖典九十五頁)

自覚《じかく》とは、自らの本当の姿に目覚めさせられることです。私たちは、自分のことを自分がいちばん知っていると思いがちですが、はたしてそうでしょうか。

天気ひとつ考えてみても、晴れがうれしい日もあれば、雨がうれしい時もあります。まして や人間関係を例に見てみると、自分の都合に当てはまる時は、Aさんを「いい人だ」と思い、都合が合わなくなると「こんな人とは思わなかった」と離れていきます。しかしそれは、天気や他人に点数をつけている時には、点数をつけることのできる自分は間違いがないと、無意識のうちに思い込んでいるからではないでしょうか。

過ちを犯しても、自分もしそうなことは「誰もがそんなことするよね」「人間とはそういうものよね」といって許される世界を用意しますが、自分がしたことのない過ちや、しそうもないと思っている過ちを犯した人には、中傷や攻撃をしてしまいます。ですからそれは、自分には優しく、他人には厳しいというあり方といえます。

私たちは、そういうことに気づいた時、反省をし、自分を見つめたりもします。確かに反省ということは大切なことですが、限界があります。なぜなら、私たちの自分を見る目は、いつも「自分がかわいい」としてしかはたらいていないからです。

仏教では「我愛《があい》」（何よりも自分がかわいいということから一歩も出ない生き方をしている）とか、「我執《がしゅう》」（自分に執着してしか生きていない）と教えてくれます。そういう眼で反省をしても、「反省できた自分はたいしたもんだ」とか、「こちらは、自分の否に気づいて謝っているのに、相手の態度が気にくわない」ということに陥りがちです。

そういう私たちですから、自分で本当の自分の姿を知ることは、とうていできません。本当の自分に気づかされるには、思い入れや、先入観や、えこひいきを持った人間の眼ではなく、それを超えた仏さまの眼に照らされるより他ありません。つまり、仏さまの教えによって言いあてられた、ごまかしようのない自分の姿にうなずくということなのです。

それゆえ、仏さまの教えを知るというより、仏さまの教えに自分の有り様をたずねていくというところに、自覚が生まれてきます。

考えてみよう！

◆自分で反省をすることはなぜ限界があるのでしょうか。

荘厳《しょうごん》―おかざり

聖教のことば

我当《われまさ》に修行して仏国を摂取《せっしゅ》し、清浄《しょうじょう》に無量の妙土《みょうど》を荘厳《しょうごん》すべし。

（『仏説無量寿経』巻上・真宗聖典十三頁）

お寺の本堂にお参りすると、目に見えるお荘厳（おかざり）として、まず目につくものは、美しくかざられたお花と、ローソクでしょう。それだけではなく、本堂は、かぐわしいお香のかおりで包まれています。そして耳に響くお経の声、みんな私たちを、仏の国にいざなう、おかざりなのです。

物でおかざりするだけではなく、何も物がなくても自分自身を、そして、他人をお荘厳できることを考えてみましょう。

あるお母さんが、重い病気にかかって、突然入院することになりました。元気だったお母さんは急に病気にかかったので、「なんで私がこんな病気に…」と、いつもふさぎこみ、暗い毎日を過ごしていました。お見舞いの人たちが訪ねてきても、「あなたたちはいいわよ、健康なんだから…」と、ねたましくさえ思っていたそうです。

そんな日々が過ぎさったある日、ひとりの先生が病院に訪ねてきました。「いかがですか」と先生が尋ねると、そのお母さんは、「病院にいると、ひまで、毎日何もする仕事がありません」と暗い顔で答えたのです。

先生はしばらく考えて、「あるではないですか。皆さんがこうしてお見舞いに来られた時に、明るい笑顔でお迎えすることもちゃんとしたお仕事ですよ。いつの時も人間は必ず、そのおかれた場所で仕事があるもんですよ」と言われました。

ベッドで横になっている病人は何も仕事ができない、とあきらめていたお母さんは驚きました。それから、お母さんは、お見舞いに来た人に、にこやかな顔と優しい言葉で、一人ひとりを迎えたのです。

はじめは、無理して笑顔をつくっていたのですが、だんだんと心からほほえむことができるようになりました。そして、自分のような病める人のほほえみや言葉で、元気な人が慰められることにお母さんは気づいたのでした。

お母さんは、ほほえみというお荘厳(おかざり)で、自分自身のささやかな、でも、たしかな仕事をベッドの上でも見いだしたのです。そして、そのほほえみと言葉は、健康な人の心を荘厳(おかざり)し、それによって、見舞った人は勇気づけられ励まされて帰っていくのでした。

仏さまも、「南無阿弥陀仏《なむあみだぶつ》」という声にまでなって、私たちの心の奥深くで、「あたたかくて、明るいあなたになってください」と願われ、お荘厳し続けています。

仏さまの前のお花は、あたたかく、優しい心を表し、ローソクの灯は、明るい心を表しています。

お寺やお内仏《ないぶつ》のお荘厳(おかざり)は、みんな仏さまのはたらきを表し、私たちがいのちの宿題、人生の課題をみんなやり残すことなく終わり、阿弥陀さまの国に生まれるよう願い、導いてくれています。

考えてみよう!

◆荘厳とは、何のためにするのでしょうか。

無碍《むげ》—自由なこころ

聖教のことば

念仏者は、無碍《むげ》の一道なり。

(『歎異抄』・真宗聖典六二九頁)

『阿育王経《あいくおうきょう》』というお経に、こんなお話が説かれています。

昔々、南インドにひとりの坊さんがいました。みんなの見ているところでは、いかにも坊さんらしくふるまっていましたが、心の中は、いつも汚い思いでいっぱいでした。彼はそういう裏表のある自分がたまらなく嫌だったので、そこから抜け出したいと悩んでいました。

そんなある日、アツラ国にウバキウタ尊者《そんじゃ》がいることを聞いた彼は、さっそく尊者をたずね、自分の悩みをうちあけ、教えを受けたいと頼みました。

尊者はうなずきながら、こう言いました。

「いや、坊さんの中には、自分がニセモノでありながら、それに気づかないで、人間だから汚い思いを断ちきれないのがあたり前だ、と自分を甘やかしている者がいっぱいいる。しかし、おまえはそれに気がついて、よくやって来た。どうだ、わしの教えを守ることができるか？　できるなら説法してもよいがな」

彼はかたい決心を顔にあらわしながら、「はい、できます。教えを守ります」と答えました。

「それでは、さっそく教えてやろう。こっちへ来るがよい」

尊者は、そう言って彼をつれて山へ入り、高い崖の上に、ぐっと枝を張り広げている松の木を指さしながら、「その松の木にのぼりなさい」と言いつけました。「はいっ」。彼は松の木にのぼり、言われた枝の上に立ちました。下は見ただけでも目まいがするような断崖《だんがい》絶壁《ぜっぺき》です。落ちたら、もちろん命がありません。

彼はブルブルふるえながら両手で上の枝を必死につかんでいました。

「右足をはなせ」

「はい」

彼は右足をあげ、左足一本で立ちました。すると、尊者は続けて叫びました。

「左足をはなせ」

「はい」

彼は両足をはなし、両手だけで上の枝にぶらさがりました。

尊者は、また言いました。

「右手をはなせ」

「はい」

そして、ついにウバキウタ尊者は、するどい声で、

「左手をはなせ」

と命じました。彼は泣き出しそうな声で、

「左手をはなせば、底しれぬ崖の下へ落ちて死んでしまいます」

尊者は、

「ばかものめが。死のうと生きようと、そんなことはどうでもいい。言われるままに、教えにしたがう心が大切だ。はなせ」

「はい」

と、応えるなり左手をはなしました。すると不思議なことに彼は、にこやかに笑っているウバキウタ尊者の前に座っているのでした。実は、木も崖も尊者の神通力《じんづうりき》によってつくり

出されたまぼろしだったのです。

私たちは、自分の考えにとらわれ、しばられながら生きています。仏さまの教えを聞くということは、自分の考えを超えた声を聞くことでありましょう。自分の考えを手ばなして、その声を聞き、教えにしたがう時、もっと大きな、碍《さわ》りのない自由な世界に生きることができるのです。

考えてみよう!

◆仏さまの教えは、どのような心で聞かねばならないでしょうか。

報恩《ほうおん》―為《な》されたことを知る

聖教のことば

自然《じねん》のことわりにあいかなわば、仏恩をもしり、また師の恩をもしるべきなりと云々。

（『歎異抄』・真宗聖典六二九頁）

あるところに、仲のよいサイの夫婦が、いたわりあい、幸せに暮らしていました。

ところが、冬の終わりごろから、およめさんのサイが、病気になって寝込《ねこ》んでしまいました。

ある朝、およめさんのサイが、「あたらしい赤い魚が食べたいわ」と弱々しい声で言いました。夫のサイは、「よし、わしがとってきてやるから待ってろ」と言うなり、川岸へ向かいました。

そこには、前から顔見知りの、カワウソの兄弟がいました。兄のカワウソが澄みきった水の中を大きな赤い魚を追いかけていました。しかし、魚が大きく、力がつよかったので、大声で、「おい、早く力をかしてくれ」と弟を呼んだのです。

兄弟のカワウソは、たいへん仲が悪かったのですが、弟は「力をかしてやるから、半分わけてくれよ」と言いながら、水の中に飛び込みました。やっとのことで、大きな赤い魚を川岸へ引きあげました。

そして、弟は「おれが助けたのだから、半分よこせよ」と言ったのです。すると、兄は「ばかなことを言うな。見つけたのはおれだから、半分はやれないよ」と、魚をまん中にして、おたがいが、口ぎたなくののしりあっていました。

そのいきさつを、じっとみていたサイに、このあらそいの裁判をするようにと、二匹のカワウソが頼みました。

サイが「あなたたち、『おれが見つけた』『おれが助けた』というふうに考えるから、分けまえが多いとか少ないとか、もめごとが起こるでしょ? お互いに『おれが、おれが』をひっこめて、兄の『おかげ』、弟の『おかげ』というふうに、心をぐるりとかえて、ゆずりあったらどうでしょう」と言ったのです。

二匹の兄弟は、その言葉を聞き、争うのをやめ、仲よく魚を分けあったのでした。そのうえ、サイにもかかえきれないほどの魚をあげて…。

　サイのおよめさんは、思いがけないほど大きな赤い魚をみて、どんなに喜んだことでしょう。何日もかかって、喜んで食べたおよめさんは、日に日に病気がよくなり、元気になってきました。そんなある日、カワウソの兄弟が見舞いに来てくれました。夫のサイは、「あなたたち兄弟のおかげで、私の家族はこんなに丈夫になったよ」と、うれしそうに言ったのでした。

　インドの言葉で、「報恩」とは、「為されたことを知る」という意味だそうです。兄さんが弟の、弟が兄さんのしたことを正しく知り、「おれが…おれが…」という、自分のありのままの、恥ずかしい心を認めた時、相手を信じ、感謝し、報いたいという心が起こったのですね。


考えてみよう！

◆**報恩の心とはどのようなことから起きてくるでしょうか。**

慚《ざん》愧《ぎ》―人と成る

聖教のことば

「慚《ざん》」は自ら罪を作らず、「愧《き》」は他を教えて作《な》さしめず。「慚」は内に自ら羞恥《しゅうち》す、「愧」は発露《ほつろ》して人に向かう。「慚」は人に羞《は》ず、「愧」は天に羞《は》ず。これを「慚愧《ざんぎ》」と名づく。「無慚《むざん》愧《ぎ》」は名づけて「人《にん》」とせず、名づけて「畜生《ちくしょう》」とす。

（『教行信証』信巻・真宗聖典二五七頁）

愛知県犬山《いぬやま》市にある日本モンキーセンターには、六〇種以上、約九〇〇〇頭のサルがいるそうですが、その中に「ヒト」と看板に書いてある珍《めずら》しい檻《おり》があります。そして、その看板には、「ヒト」について、英名・学名・分布・身体・食性・習性に分けて説明がしてありま

した。例えば、

「学名を、ホモ・サピエンスという。地球上の陸地のほぼ全域に分布し、器用な前足と大きな脳を持つ。何でもよく食べる雑食性だが、一頭ごとの好き嫌いは多い」

と。そして、習性として、
・好奇心が強く、遊び好き。危険な目にあっても、中々懲りない
・しばしば、いさかいを起こし、仲間同士で殺し合いをすることも珍しくない
・優れた知能を持ち、大きな可能性を秘めているが、失敗した時に、まわりに与える影響も大きい。それを忘れた時地球上で最も危険な動物となる

皆さんは、「地球上で最も危険な動物」と聞いて、どんな動物を想像されるでしょうか。動物園にいる動物たちは、危険だから檻の中に入れられているのでしょう。でも、その檻の中にいる動物たちの眼には、どのように「人」(人間社会)の現実が見えているのでしょうか。優れた知能を持ちながら、危険な目にあっても、なかなか懲《こ》りず、仲間同士で殺し合いをすることも珍しくないと。本当に罪が深く、愚《おろ》かな者と映っているのではないでしょうか。

犬養道子さんの『人間の大地』という本の中に、「人」という文字について書かれたもの

第2章

があります。

「人」、それは二本の線から成っている。そして、二本の線のどちらも傾いている。傾いているから、二本のどちらかを取り去った時、残る一本は立つことができない。互いが支えあうから「人」となる。

と。そして、「われらの日常（食）生活には、全世界が入っている」（FAO「食糧の日」宣言）という言葉も紹介してくださっています。

「自分さえよければ」ということでは、「人」とはいえないということですね。

考えてみよう！

◆人間と他の動物との違いは、どういうところにあるのでしょう。
◆人は、生まれたままで「人」と言えるのでしょうか。

金剛心《こんごうしん》

―何物にも壊されない心

聖教のことば

「真仏弟子《しんぶつでし》」と言うは、「真」の言《ごん》は偽《ぎ》に対し、仮《け》に対するなり。「弟子」とは釈迦《しゃか》・諸仏の弟子なり、金剛心《こんごうしん》の行人《ぎょうにん》なり。

（『教行信証』信巻・真宗聖典二四五頁）

「金剛心《こんごうしん》」とは、金剛石（ダイヤモンド）のように堅くて、何物にも破壊されない心ということです。そのことについて、廣瀬杲《ひろせたかし》先生は次のように教えてくださっています。

「金剛とは不壊ということです。壊れないという働きを持つことです。壊れないということは、いったいどんなことかといいますと、どのような現実の中にあっても消えてゆかない。（中略）そして、壊れないといいますけれど、これは叩いても壊れないということではありません。壊れないということは、言葉を換えていうと「柔軟」ということです。金剛心ということとは同じことなのです。これは大事なことです」。

どのような現実の中にあっても消えない心を、「金剛心」というのだと。そして、その「金剛心」が、「柔軟心」と同じであるということが不思議だなと思います。

『蓮如上人《れんにょしょうにん》御《ご》一代《いちだい》記《き》聞書《ききがき》』に、次の仰せがあります。

いたりてかたきは、石なり。至りてやわらかなるは、水なり。水、よく石をうがつ

（真宗聖典八八九頁）

「うがつ」とは、穴をあけるということです。軒の雨だれも、長い間には石に穴をあけることができます。石とは自分の心、水とは仏の心といただくことができます。頑《かたくな》に自分を守り固めようとする私が、やわらかな仏の心によって無条件に受け入れられる時、どんな苦悩の中をも歩み続けることのできる力が与えられるのではないでしょうか。

星野《ほしの》富弘《とみひろ》さんの詩に、「やぶかんぞう」という詩があります。

いつか草が
風に揺れるのを見て
弱さを思った
今日
草が風に揺れるのを見て

強さを知った

星野富弘さんは、群馬大学を卒業後、高崎市内の中学校に体育教師として赴任。わずか二ヵ月後に、クラブ活動の指導中の事故により、手足の自由を失います。その星野さんが、九年間の病院生活を支えてくださったお母さんについて、次のように語っておられます。

「母が世間一般にいう強い人なら、私を置いて家へ帰り、私のためにに自分のすべてを犠牲にするようなことはしないで、もっと別な方法を考えたかもしれない。しかし母には私をおきざりにできない弱さがあった。そのどうにもならない弱さが、今の母を支えている最も強い力なのではないだろうか。

もし私がけがをしなければ、この愛に満ちた母に気づくことなく、私は母をうす汚れたひとりの百姓《ひゃくしょう》の女としてしかみられないままに、一生を高慢な気持ちで過ごしてしまう、不幸な人間になってしまったかもしれなかった」。

「弱さ」の中にある、本当の強さを教えてくださっているように思います。

考えてみよう！

- **本当の強さとは、どういうことを言うのでしょう。**
- **人が真実に歩むことのできる力は、どこから与えられてくるのでしょうか。**

五逆《ごぎゃく》

聖教のことば

たとい我、仏を得んに、十方衆生、心を至し信楽《しんぎょう》して我が国に生まれんと欲《おも》うて、乃至《ないし》十念せん。もし生まれずは、正覚を取らじ。唯《ただ》五逆《ごぎゃく》と正法《しょうぼう》を誹謗《ひほう》せんをば除く。

（『仏説無量寿経』巻上・真宗聖典十八頁）

テレビや新聞から、毎日のようにとても悲しい事件が伝えられます。人が人を傷つけ、殺してしまう事件。中には、お父さんやお母さん、わが子を傷つけ、殺してしまう事件が伝えられてきます。

お釈迦さまの教えの中に、最も悪いこと、絶対にしてはいけないこととして「五逆」という教えがあります。「お父さんを殺すこと」「お母さんを殺すこと」「お坊さんを殺すこと」

「嘘を言ってまわりの皆を不安にさせて、心配をかけること」「仏さまを傷つけること」という五つの教えです。

自分がこの世に生まれて生きていくうえで、ご恩を受けたつながりの深い人を心配させたり、傷つけたり、殺したりすることはとても悪いことですよと、お釈迦さまは教えています。

ほとんどの人は「自分はそんな悪いことは絶対にしない」と思うでしょう。でも、毎日伝えられる悲しい事件、人が人を傷つけたり殺したりしてしまう事件は、私たちと同じ人間がしていることです。いったいなぜ、人間はそんなひどいことをしてしまうのでしょうか？　悪いことは、悪い人だけがするものでしょうか？　そして、悪いことをした人は、根っからの悪い人なのでしょうか？

親鸞聖人《しんらんしょうにん》は、「わがこころのよくて、ころさぬにはあらず。また害せじとおもうとも、百人千人をころすこともあるべし（中略）さるべき業縁《ごうえん》のもよおせば、いかなるふるまいもすべし」〔『歎異抄《たんにしょう》』・真宗聖典六三三—六三四頁〕と言われます。心が善《よ》いとか悪いとかでいいことをしたり、悪いことをしたりするのではありません。どんなに立派で、偉くて優しい人でも、ちょっとした事がきっかけとなって、どんな間違いをおこすかわかりません。それと同じで、悪いことをしてしまった人も、その人が元からの悪い人だからではなく、そうなってしまった、してしまった理由がありますよと教えてくれています。

たしかに、ある一つのことがきっかけで、人のことが嫌いになって、悪口を言ったり、ひどいことをしてしまうことは、誰にでもあるのではないでしょうか。それなのに、ふだんは「自分はひどいことは絶対にしない」と思っています。してしまうのに、自分は絶対しないと思っている心があるのですよと、親鸞聖人は教えてくれているのです。

そして、親鸞聖人は、こんなことも言われます。「つみのおもきことをしめして、十方一切の衆生みなもれず往生《おうじょう》すべし、としらせんとなり」（『尊号真像銘文《そんごうしんぞうめいもん》』・真宗聖典五一三頁）。阿弥陀《あみだ》さまは悪いことの中でも、いちばん悪いことを知らせておいて、それでもなお、悪いことをしてしまう私たちをいつでも見守り続けている。そして、たとえ人を殺してしまうような間違いをした人でも、決して見捨てることはしない。むしろ、悪いことをしてしまった人のことは、なおさら放っておけないのだと、阿弥陀さまの私たちを想う、お心の深さをいただかれて、私たちに伝えてくださっています。

その阿弥陀さまのお心が、「南無阿弥陀仏《なむあみだぶつ》」というお念仏《ねんぶつ》の声によって、私にまで届いているのです。

考えてみよう！

◆悪いことをした人は、本当に悪い人でしょうか。

◆阿弥陀さまは、悪いことをした人に何と言うでしょうか。

平等《びょうどう》─みんなちがって みんないい

聖教のことば

青色青光《しょうしきしょうこう》、黄色黄光《おうしきおうこう》、赤色赤光《しゃくしきしゃっこう》、白色白光《びゃくしきびゃっこう》

(『仏説阿弥陀経』・真宗聖典 一二六頁)

今から約四十六億年前に地球は誕生しました。生命《いのち》が生まれる前には、すでに酸素・水・光・土など、生きていくことのできる環境が整えられていました。環境にどれだけ適応しても、生まれて数時間しか生きられない生命や、数千年も生き続けている生命などさまざまですが、共通しているのは、必ず死ぬということです。たとえ臓器移植《ぞうきいしょく》を施《ほどこ》して多少生命が長らえたとしても、死は平等にやって来るのです。

その限りある生命に優劣をつけ、役に立つとか立たないとかいって、自分にとって都合の悪い生命を排除《はいじょ》してきました。その結果、さまざまな差別を生んできたのです。私たちは平等を願いながら、もう一方で平等であることを望みません。もう少しお金がほしい、地位や名誉もほしいと、自分の欲望を満たすことに一生懸命になっていて、戦争や飢《う》えで毎日多くの人が亡くなっていても何も感じません。平気で相手を無視したり、おとしめたり、どこまでも自分中心に生きています。

あなたは、親子・兄弟姉妹・友人など身近にいる人を尊ぶことができますか？　正しいのはいつも私ですから、なかなか尊ぶことはできません。

私たちは、一人ひとりみんな違って生まれてきました。一人として同じ人はいません。差異《ちがい》があるのが当たり前なのですから、みんなと同じになる必要はないのです。また、私たちは未完成で生まれてきましたから、迷い、不安を抱えて毎日を生きています。自分の弱さを認め、未熟《みじゅく》な者同士、共に育ち合いたいものです。

共に生きるとは、裏を返せば、相手が邪魔だからといって排除すれば、巡りめぐって排除した方も、やがては生きていけなくなるということです。このような危なっかしい関係にありながらも、さまざまな生命は繋がってしか生きられません。人間は、一人では生きられないのです。また、誰にも代わることができませんから、蚊やゴキブリの生命も人間の生命も、同じ生命を生きています。

私たちがこの世に生を受け存在していることは、尊いことですが、罪でもあります。なぜなら、私が口にしているのは、つい先ごろまで生きていたものばかりなのです。自分が直接、手をくださなくても、他の生命を殺して生命を繋いでいることに代わりありません。迷惑をかけずには生きられない私が、多くの生命に支えられて生きています。だから仏さまは、手を合わせてお念仏申してくださいと念じておられるのです。

考えてみよう！

◆生命はどのように繋がっているでしょうか。

◆「かわいそう」という言葉は、どのような気持ちで使っているのでしょうか。

五濁《ごじょく》

聖教のことば

如来所以興出世　唯説弥陀本願海
五濁悪時群生海　応信如来如実言
（「正信偈」・真宗聖典二〇四頁）

仏教では、末法《まっぽう》（仏さまが亡くなって一五〇〇年後、正しい教法《きょうぼう》の滅する時期）の世において発生する避けがたい社会的・精神的・生理的な汚れを五つ挙げ、五濁といっています。

①劫濁《こうじょく》……時代の汚れ、天災や戦争などの社会悪
②見濁《けんじょく》……邪悪《じゃあく》な見解や思想が盛んになること
③煩悩濁《ぼんのうじょく》…地位名誉のために狂奔《きょうほん》し、さまざまな悪徳がはびこること
④衆生濁《しゅじょうじょく》…風紀が乱れ、心身ともに衆生《しゅじょう》の資質が低下すること

⑤命濁《みょうじょく》……いのちが汚れ、寿命が短くなり、人間の豊かさが薄らぐこと

親鸞聖人《しんらんしょうにん》は、五濁が増しているしるしとして、「この世の仏教の修行をしている人もそうでない人もことごとく、外づらは仏教の教えを信じて歩んでいる姿をとりながら、心の内では、道理《どうり》から外れた外道《げどう》の教えに帰敬《ききょう》している」〔『悲歎述懐《ひたんじゅっかい》 和讃』・真宗聖典五〇八～五一〇頁　意訳〕と悲嘆されました。

私たちも、ともすれば、商売繁盛、家内安全、無病息災と、己《おのれ》の欲望のかぎりを尽くして、宗教にないものねだりをしてはいないでしょうか。何が本物で、何が偽物か、わからなくなっていないでしょうか。そんな私たちに、「よろずのことはすべて空ごとたわごとで真実ではない。ただ念仏の教えのみ真実であり、末通《すえとお》るものである」〔『歎異抄』・真宗聖典六四〇頁　意訳〕と教えてくださっている方が親鸞聖人です。

「無辺《むへん》の極濁悪《ごくじょくあく》」とは、五濁悪世の悪、極悪深重《じんじゅう》の悪の自覚であって、実は人生の実相をきびしく凝視している眼の確かさなのです。

それは単なる理想主義的思考や、楽観論ではないのです。人間観の甘さ浅さは、安易な人間の自我肯定の上に立って機械的な対立を引きおこします。そのような人間の真実の姿は極悪深重、五濁悪世の姿です。

ですから、この地上に引きおこされている悲劇や混乱は、神の仕業でも仏の影響でもあ

りません。すべて人間の業報《ごうほう》です。お釈迦さまの説かれた如来《にょらい》の本願に生きた大いなる祖師たちは、この無辺の極濁悪の人を救済してやまないと言われるのです。

今、極濁悪の人間のあり方を思うと、いのちを蝕《むしば》むような人間の愚かな行為を反省せざるを得ません。

例えば、科学の発達にともなう公害、民族国家のエゴによる戦争が、この地球上で後を絶たないことを目の当たりにすると心が痛みます。なぜ人間は殺し合うのでしょう。人間の欲はどこまでいけば満足するというのでしょうか。もちろん、自虐的に自己が自己のいのちを蝕む場合もありますが、その多くは社会的にいのちを蝕まれていく場合が多いのです。

以前、カレー毒物混入事件以後、全国で飲料水毒物混入事件が頻発したことがあります。通り魔事件の後、同じような事件が続きました。その多くは、ストレス解消、あるいは真似事のお遊び気分でしているかもしれません。しかし、こうした無差別な事件は、まったく知らない無関係な人のいのちを奪いかねないのです。人のいのちは、奪ってもならないし、奪われてもならないのです。

日本は、高度成長期から経済至上主義で「いのち」よりも「経済発展」を優先してきた歪みを抱えています。

あらためて、五濁悪世の世の自覚の大切さを感じます。そして、いよいよ、命を尊《とうと》ぶ仏の教えを信じることの大切さを思います。

考えてみよう！

◆現代社会のさまざまな問題をお釈迦さまが説かれた「五濁」の教えをとおして考えてみましょう。

◆人間の苦のもとは、どんなことでしょうか。

第3章

現代の課題

- 戦争
- いじめと虐待
- 自死
- 部落差別
- ハンセン病
- 民族問題
- 障がい者差別
- 性差別
- 原発
- 環境
- ゴミ
- 不登校
- 教育
- 死刑制度
- 生命倫理

戦争《せんそう》

聖教のことば

国豊民安《こくぶみんあん》。兵戈無用《ひょうかむよう》。（国豊《ゆた》かに民安《やす》し。兵戈《ひょうか》—兵隊と武器—用《もち》いることなし）

（『仏説無量寿経』巻下・真宗聖典七十八頁）

すべての生きものにとって生命は愛《いと》しい。己《おの》が身にひきくらべて、殺してはならぬ。殺さしめてはならぬ。

（ブッダ『真理のことば』～ダンマパダ）

「無慚愧《むざんぎ》」は名づけて「人《にん》」とせず、名づけて「畜生《ちくしょう》」とす。

（『教行信証』信巻・真宗聖典二五七頁）

今から七十年ほど前、私たちが住んでいるこの日本の国は、アジア太平洋戦争という戦争をしていました。戦争は、お互いに自分の国が正しいのだということを言い合い、相手国を悪い国としてその国をやっつけようとします。その結果、多くの人間をはじめ、動物や植物などたくさんのいのちが奪われ、多くのものが壊されてしまいます。

日本の国の人たちは、戦争が終わり、もう二度とこんなひどいことはしたくない、されたくないと願い、「日本国憲法」という誓いを立てました。その中の一節である第二章第九条では、次のようなことが誓われています。

「日本国民は、正義《せいぎ》と秩序《ちつじょ》を基調《きちょう》とする国際平和を誠実に希求《ききゅう》し、国権の発動《はつどう》たる戦争と、武力《ぶりょく》による威嚇《いかく》又は武力の行使《こうし》は、国際紛争《ふんそう》を解決する手段としては、永久にこれを放棄《ほうき》する」「前項の目的を達するため、陸海空軍その他の戦力は、これを保持しない。国の交戦《こうせん》権《けん》は、これを認めない」。

この憲法は、太平洋戦争が終わった翌年の一九四六年につくられました。戦争の時代を生きた人たちにとって、この憲法の戦争放棄の条文は、戦後に生まれた私たちには想像できないほど、希望に満ちたものであったに違いありません。しかし、今も世界の国々で争いが絶えず、多くの人々が戦争で亡くなっています。いったいなぜでしょうか?

戦争は、自分の考えが絶対に正しいとして、相手の意見を聞かずに、一方的に攻めること似ています。人を攻めることは、個人レベルでは暴力や無視という方法であらわれ、やがてその人を消していくことに繋がっていきます。これが、国という大きなグループで行われるのが戦争なのでしょう。いったん戦争が始まってしまえば、その大きなグループの意思に逆《さか》らうことはとても難しいことです。

自分の意見や考えが絶対に正しいこととし、相手が間違っていて、悪者であると決めつけて殺すこと、そこには、「善い」と「悪い」の二つの見方しかありません。

戦争になると、戦場では自分の国から命令されて、会ったこともない、話したこともない、初めて会う人を「その国の人だから…」という理由だけで殺さなければならないのです。それが戦争です。

相手のことを知らないのに、うわさや偏《かたよ》った見方で、悪い者、ダメな者、劣《おと》った者として人を見てしまうことを「差別」といいます。戦争は、国と国とがお互いに差別し合う、最も大きな差別とも言えるのでしょう。

また、普段の生活において、暴力を振るうこと、人を殺すことは最も罪の重いことです。ところが戦争になると、敵国の人を殺せば殺すほどほめられます。戦争になると、良いと悪いが反対のことになってしまいます。

お釈迦《しゃか》さまは、「すべての生きものにとって生命は愛《いと》しい。己《おの》が身にひきくらべて、殺してはならぬ。殺さしめてはならぬ」(ダンマパダ)と教えられています。

私たちが感じている痛みや悲しみ、そして自分のいのちが大切であるということは、すべての人があなたと同じように感じるものなのです。そのことを忘れないで、いのちあるものを殺さないで、他の人にもいのちを殺させないでくださいと願われています。

また、親鸞聖人《しんらんしょうにん》は『涅槃経《ねはんぎょう》』の「無慚愧《むざんぎ》」は名づけて「人《にん》」とせず」を著書に引用して教えてくださっています。無慚愧とは、恥ずかしいと思わないことです。私たちは、人のことを怒ったり、憎んだり、嫌いになったり、叩いてしまったりしてしまった時、「悪いことをしちゃったな」と思います。そんな自分を恥ずかしいと思うでしょう。そして勇気を出して「ごめんなさい」と言えた時、仲直りすることができます。そうではなく、悪いことをしても気づかず、悪いことをしても平気でいると、最後には一人ぼっちになってしまうよ、と教えてくださっています。

今から七十年ほど前にこの国の人たちが戦争をしたこと、戦争によって多くのいのちを奪ってしまったことを深く深く反省して、やっとの思いで「憲法第九条」をつくったのです。もしこの憲法を変えて、戦争が認められる、戦争ができる憲法がつくられたら、みなさんはどう思われるでしょうか。そのことを忘れてしまった時、私自身が無慚愧なものとなってしまうのでしょう。

考えてみよう！

◆この世界に、国と国とでどちらが正しいか決める方法として、戦争という方法があるということについて、どう思いますか？

◆戦争をこの世界からなくすには、どんな方法があるでしょうか。

いじめと虐待《ぎゃくたい》

聖教のことば

如自当知《にょじとうち》（汝自《なんじみずか》ら当《まさ》に知るべし）
（『仏説無量寿経』巻上・真宗聖典十三頁）

天上天下唯我独尊《てんじょうてんげゆいがどくそん》（天にも地にも我《われ》ひとりにして尊《とうと》し）

ある小学一年生の男の子が、お母さんと一緒に相談に来られました。その男の子が「僕なんか生まれてこなければよかった」と言いました。さらに柱などに、頭を撃《う》ちつけるなどの自傷行為《じしょうこうい》があるという相談も受けました。

学校や家庭での様子を一つひとつ聞いていくと、学校では一人になりやすく、先生からの言葉かけも不十分であることがわかりました。そしてお母さん自身が、彼のことをどう見つめているのかと聞いていくと、「娘（男の子からすると妹）は生まれてすぐ、ひどい病気にかかった」「病気以降、つい娘にばかり手を掛けてしまう」「男の子の動作が遅い」「イライラする」「つい手を上げてしまう」と語ってくださいました。さらにお母さんは、「私は小さいころから母親にほめられた経験がなく、叱られてばかりでした」「母親のような親にはなりたくなかったのに、同じことを息子にしてしまう」と話されました。

その男の子は「いじめ」にあっていたわけではなさそうです。しかし、なにか寂しさを味わっていたのでしょう。「虐待」されていたわけでもなさそうです。しかし、捨てられてしまうかもしれないという思いが、どこかにあったのではないでしょうか。その男の子が体いっぱいで投げかけたSOSは、「いじめ」や「虐待」の根底に流れる悲しみを伝えるものとしては充分すぎるものでした。

「いじめ」には、大きく分けて「言葉による暴力」「腕力《わんりょく》による暴力」「存在を無視していく暴力」の三つがあります。

「いじめ」の判断はとてもデリケートで難しいものですが、「自分より弱いものに対して行う」「身体《からだ》、または、こころに攻撃を毎日のように加える」「その人が深い苦しみを感じている」の三つを基準にして考えています。なぜいじめるのかというと、ほとんどの場合が

第3章

「うさばらし」のようです。

「虐待」とは、大きく分けて「身体に対する虐待」「こころに対する虐待」「性的いたずらによる虐待」「育児や養育をおこたること(ネグレクト)」の四つです。虐待をされた子どもで最も多いのは「身体に対する虐待」で、次が「ネグレクト」「こころに対する虐待」「性的いたずらによる虐待」の順となっています。他の親と比べて特別に変わっている親がその子どもに「虐待」をするのではなく、さまざまな要因が重なった時、誰もがしてしまう可能性があると考えたほうがよさそうです。

「いじめ」と「虐待」は、二つのことが共通しているようです。一つは、「する側」と「される側」というように、人間の関係の中から生まれること。もう一つは、「する側」が、必ず何か「不安」を持っていることです。私たちは、人と人との間で生きています。それは親子、夫婦、友だちであっても同じです。その「あいだ」の関係をつないでいるものはさまざまで、そのつないでいるものがあやふやで、手ごたえがない時には、不安が起こってきます。

不安は、過去の自分の体験が、現在の自分をつかまえて離さない時、「このままでいいのだろうか」という思いが出てきて、不安を感じてしまいます。「こうあるべき」という思いが、現在の自分を認めさせない時も不安になります。そのような不安が暴力という表現で、外に現れてきたものが「いじめ」や「虐待」なのではないでしょうか。

反対に、内側に向かっていくと、躁《そう》うつ状態になったり、自分を傷つける方へと進んでいくのかもしれません。

相談に来られたお母さんは、お母さん自身の子ども時代の寂しかった体験を語ることができたところから、お母さんとそのお母さん（男の子からすると祖母）が、出会いなおしを始めることができました。そのことから、お母さんが男の子との関係を前よりも少しおだやかに作れるようになりました。男の子もお母さんに甘えられるようになり、少しずつ、少しずつ温かな空気が流れるようになりました。

「いじめ」も「虐待」も、大人社会が生み出したものです。

また、子どもを「虐待」から守るためには次の五つのことが求められます。

①「おかしい」と感じたら、迷わず連絡（通告）をする。

②「しつけのつもり…」は言いわけです。子どもの立場で判断をする。

③一人で抱え込まないでください。あなたにできることからすぐに実行してください。

④親の立場より子どもの立場に立ちましょう。子どもの安全といのちが最優先です。

⑤虐待はあなたの周りでも起こりえます。特別なことではありません。

「汝自ら《なんじみずか》当《まさ》に知るべし」。問題を外に見るのではなく、自分自身を見つめなさいとお釈迦さまは教えています。

考えてみよう！

◆「いじめ」や「虐待」に共通する課題とは何でしょうか。

自《じ》死《し》

聖教のことば

弥陀《みだ》の五劫《ごこう》思惟《しゆい》の願《がん》をよくよく案ずれば、ひとえに親鸞一人《しんらんいちにん》がためなりけり。されば、そくばくの業《ごう》をもちける身《み》にてありけるを、たすけんとおぼしめしたちける本願のかたじけなさよ

（『歎異抄』・真宗聖典六四〇頁）

私は何人かの友人を自死によって亡くしました。わが子を道連れに死んでいったお母さん。生きよう生きようとして死んでいったAさん。

彼も、彼女も、「生きよう」としながらも自死をしてしまいました。残された家族は、友人は、他人には想像もできないほど辛く切ない想いを抱きます。

人は「つながり」や「関係」を生きています。関係が深ければ深いほど、別離の悲しみは深くなります。その「死」は私を揺さぶり、私に問いかけます。「人はなぜ生きるのか」と…。

自死は人間だけがする行為です。お釈迦《しゃか》さまは、有愛《うあい》(死にたくないという思い)と非有愛《ひうあい》(生きていたくないという思い)の両方を持っているのが人間であると教えています。

つらく悲しい、苦しい目にあうと「もうこんな辛いのなら生きていたくない」とふと思ったり、反対に「あなたは癌《がん》です」とお医者さんから突然宣告《せんこく》されたら、びっくりして死にたくないと思う。みんなその両方の心を持っているのです。非有愛の思いが私を支配すれば、私も死を選んでしまうこともあるのです。

人は死に方を選べません。交通事故や震災、または病気で亡くなるのと自死は別なのでしょうか。

どんなに死にたくなくても死ななければならない状況が起これば誰でも死を選択するかもしれないのです。

事故や災害に遭いたくなくても、病気になりたくなくても「縁《えん》」によるのです。自分の思いどおりにはなりません。

自死した人を弱い人間と決めつけたり、命を粗末《そまつ》にしたかのように見る風潮《ふうちょう》がありま す。しかし私は、自死した人は弱い人間でも命を粗末にしたのでもなく、「いのち」に向き合い、「生きるとは」ということを真剣に考えたのだと思います。

人の死は決して終わりではありません。今生きているわれわれが亡き人の歩みと問いかけに耳をかたむける時、もう一度亡き人との出遇《であ》いが訪れます。親鸞聖人《しんらんしょうにん》は『安楽集《あんらくしゅう》』からの引用部分で「訪え」と書いて「とぶらえ」と読まれています。亡き人を「弔《とむら》う」ことは「とぶらう」こと。亡き人を訪ねていくことなのでしょう。

人は「どこから来て」、「何をしに」、「どこへ行くのか」と問うてみましょう。「問い」は私をはてしない旅人にしてくれます。旅人は歩けばいい。さまよい歩くのもいい。どんどん歩くのもいい。時には走ってみるのもいい。そして、疲れたら休めばいい。そしてまたゆっくりと歩きだそう。

考えてみよう！

◆自死した人はどのような「いのち」を生きたのでしょう。

部落差別《ぶらくさべつ》

―身分《みぶん》差別

聖教のことば

生れによって賤しい人となるのではない。生れによってバラモンとなるのでもない。行為によって賤しい人ともなり、行為によってバラモンともなる。

（『ブッダのことば』～スッタニパータ）

劫初《こっしょ》よりこのかた、もろもろの悪王ありて、国位を貪《むさぼ》るがゆえに、その父を殺害《せつがい》せること一万八千なり。未《いま》だむかしにも聞かず、無道に母を害することあるをば。王いまこの殺逆《せつぎゃく》の事をなさば、刹利種《せつりしゅ》を汚《けが》してん。臣聞くに忍《しの》びず。これ栴陀羅《せんだら》なり。宜《よろ》しく此《ここ》に住すべからず。

（『仏説観無量寿経』・真宗聖典九十一頁）

ここで挙げた、お釈迦《しゃか》さまの言葉は、母親を殺すことがどんなに悪いことかということと、身分と人間の善悪を結びつけた人間観が述べられています。

この中に出てくる「刹利種《せつりしゅ》」（クシャトリヤ）「栴陀羅《せんだら》」（チャンダーラ）はインド社会におけるカースト・ヴァルナ制度による社会的な身分です。それは人間の善悪や優劣によるものではなく、人間を生まれによって差別し排除しつつ支配する仕組みと、それを正当化する考え方の中で生み出されたものです。

母を殺すという残虐な行いは「栴陀羅」身分のものがすることであって、「刹利種」身分のものがすることではないという考え方は、強引に「栴陀羅」を悪と決めつける差別的な見方です。そのような見方が、人間を身分で分ける社会と、その支配を正当化していくのです。

王である阿闍世《あじゃせ》は、そうした人間観に基づいた大臣の忠告を受け入れて、母を殺害することを止めました。しかし、殺害はしなかったけれども母を王宮の奥深くに閉じ込め、絶望的な悲しみと苦しみの中に追いやってしまいます。

この忠告した大臣とそれを聞き入れた王の両者には、根深い身分的な差別観をみることができます。そうした考え方の中では、人間の悩みや悲しみは解決されません。むしろ、より深いものになっていきます。

これは決して、単にインドにおける昔話ということではありません。現在の日本においても、同じような差別があります。それが日本における「部落差別問題」です。

被差別部落のある地域の方から聞いた話ですが、その方が小学生のころ、教室で何かなくなると被差別部落の子どもが一番に疑われたそうです。「そんなことをするのは部落のものに違いない」といった差別的な見方が、先生たちにも周りの子どもたちにも当たり前にあったと言います。

部落差別問題は、封建制社会の中で、より強化された身分的差別の問題です。それが、近代から現代へと変化してくる中にあっても、なお解決されずに残されてきた問題なのです。封建制社会は人々を身分によって分け、支配する仕組みを持っていました。その身分の違いは貴い賤《いや》しい、優れた劣った、善い悪いでみる見方を生み出していきました。差別の問題を、今なお解決できないでいるところに日本の社会の現実があります。

いのちあるものは、限りなく深いつながりの中にあります。差別は人と人を分断し、お互いの人間と、その尊厳を見えなくしていきます。さまざまな違いをもつ私たち一人ひとりが、互いに出会い、そのつながりを大切にしていくことのできる社会が、同朋《どうぼう》社会として私たちに開かれているのだと思います。

考えてみよう！

◆人と人はどのようにしてわかり合っていくことができるのでしょうか。

ハンセン病《びょう》―ひとりの人を同朋として見いだす

聖教のことば

聖人《しょうにん》は御同朋《おんどうぼう》・御同行《おんどうぎょう》とこそかしずきておおせられけり

（『御文』・真宗聖典七六〇頁）

あなたはハンセン病という病気を知っていますか。ハンセン病は感染症《かんせんしょう》の一種ですが、菌《きん》は弱く大変うつりにくい病気です。この病気は、手や足の先などの神経がマヒしてしまい、長い間には、固定化したり余病《よびょう》の併発《へいはつ》で手足などが変形することがあります。今は、治療によって完全に治る病気になりました。しかし、この病気は、長い間人々に恐れられ嫌われてきたという歴史があります。いったいなぜなのでしょうか。

想像してください。今から約百年前、時は明治の終わりごろ、当時の日本は、文明国の仲間入りをしようとしていました。そのころは、町の中ではハンセン病の患者が「物乞《ものご》い」をしていました。外国から来た人が、その光景を見て、こう言いました。「ハンセン病患者を見捨てているとは、なんと日本は冷たい国なのか」と。それを聞いた日本人は、ハンセン病の患者がいることを「国の恥」と考えてしまったのです。本当はハンセン病の患者を見捨てていることが恥なのに、その人たちがいることを恥としてしまったのです。病気は恥ではありません。病気にかかった人を恥と考えるほうが恥ずかしいことなのです。間違いはここから始まりました。

私たちの国は、ハンセン病の患者たちを世間から見えないように、療養所《りょうようじょ》という場所へ閉じ込め、そこから一生出られないようにしてしまおうと考えたのです。

療養所に入れられた人たちは、ふたたびふるさとや家族の元に戻ることができず、引き離されてしまいました。自分の本名を奪われて、偽名をつけられました。これを「強制隔離《きょうせいかくり》政策《せいさく》」といいます。無理やり働かされ、あまりのつらさ、悲しさに、自分から死んでいってしまう人もたくさんいました。これは実に悲しい歴史です。

さて、時は変わって今の私たちの時代になります。長い間療養所に閉じ込められていた人たちが沈黙《ちんもく》を破って、「私たちも人間だ」と自分たちのことを堂々と語りはじめる時がやってきました。一九九八年に始まった『らい予防法』違憲《いけん》国賠《こくばい》訴訟《そしょう》という裁判がそれです。「こんなつらい目にあうのは、私たちで最後にしてほしい」「私たちを人間として認めてほしい」という熱い願いをもち、次々に自分の過去と現在を語り始めたのです。

これらの声は、今まで無関心、あるいはそのことを見ないようにしてきた私たちの心を揺さぶりました。そして多くの人たちが、自分たちもひどいことに協力してきたこと、無視してきたことに気づき、反省しました。そして、この人たちと一緒に生きていきたいと気づき、人と人とのつながりを求めて立ち上がりました。

私たちの周りには、心身に「障がい」をもった人や、病にかかった人たちが同じ時間を生きています。この人たちを、人として生きる道を求める同じ仲間だと見ていく眼《まなこ》をもつこと、同朋《どうぼう》として見いだしていくことが、実はとても大切なことなのです。

そこに温かなふれあいと、生きる確かさが生まれるということを、ハンセン病だった人たちが教えてくれました。悲しい歴史をつくった私たちは、そのことを決して忘れてはならないのです。

考えてみよう！

◆私たちの周りに、仲間はずれにされた人はいないでしょうか？

◆仲間はずれにされた人たちから、「共に生きたい」という呼びかけが聞こえてきます。私は人々と共に生きようとしているでしょうか？

◆自分さえよければそれで良いという生き方はしていないでしょうか？

民族問題《みんぞくもんだい》―マイノリティ

聖教のことば

青色青光《しょうしきしょうこう》、黄色黄光《おうしきおうこう》、赤色赤光《しゃくしきしゃっこう》、白色白光《びゃくしきびゃっこう》
（『仏説阿弥陀経』・真宗聖典一二六頁）

民族問題は、世界中のたくさんの国や地域で起きています。

アジア地域を見ても、スリランカにおけるシンハリ族（仏教徒）とタミール族（イスラム教徒）との間の宗教対立。バングラデシュ政府（イスラム教徒）によるチッタゴン高原での少数民族（仏教徒）に対する集団虐殺《しゅうだんぎゃくさつ》と難民化《なんみんか》。フィリピン・ミンダナオ島の少数民族（先住民族）に対する迫害と難民化。あるいはチベットやベトナムでも、仏教徒への抑圧《よくあつ》と差別などの民族問題が起きています。

また、かつて日本においてもアイヌ民族や琉球《りゅうきゅう》民族に対する日本政府による同化政策《どうかせいさく》

（皇民化政策《こうみんかせいさく》）などの、抑圧と差別という問題がありましたし、現在もアイヌ民族や在日韓国・朝鮮人の問題など解決しているわけではありません。

フィリピンのミンダナオ島には、古くからモロ族（イスラム教徒）、マノボ族、ブキドノン族などたくさんの先住民族が住んでいました。彼らは、農業や漁業を中心とした自給自足のバランガイ社会（自治社会）を形成していました。それぞれの民族は、独自の言語・文化・宗教をもっていて、お互いに共存していたのです。しかし、一五六五年から始まったスペインによる植民地化、続いてアメリカや日本の植民地化によって、自分たちが住んでいた先祖伝来の土地から追いやられ、痩せた山岳地帯へと移り住むこととなってしまったのです。

このような先住民族の置かれた状況は、一九四六年のフィリピン独立後も変わりなく続くことになります。それは、独立後もアメリカ従属経済がますます強まったからです。例えば、ミンダナオ島の豊かな自然は、バナナ農園やパイナップル農園などの巨大アグリビジネスの餌食となってしまいました。その結果として、先住民族は虐殺されたり、国内難民となったのです。かろうじて逃れることができた人々も、ほとんど人が踏み入れることのない山岳地帯や、道のない河川の流域などへと移り住むしかありませんでした。

そのような状況の中、一九六〇年代後半にミンダナオ島で始まったキリスト教基礎共

第3章

同体（BCC）の信仰運動は、それまでのキリスト教（カトリック教会）の枠を超え、先住民族が守ってきた伝統的な言語・文化・宗教を見直していく新しい信仰運動へと展開されていったのです。これは、抑圧されている人の側から神学（信仰の表現）を見ていこうとするものです。

民族問題には、言語・文化・宗教などの複雑な要素が含まれていて、解決の糸口を見つけ出すことは難しいと思われます。しかしながら、キリスト教基礎共同体の信仰運動の中に、そのヒントがあるのではないでしょうか。

考えてみよう！

◆国・民族・言語・文化・宗教などが違うとなぜ差別がおこるのでしょうか。

障《しょう》がい者《しゃ》差《さ》別《べつ》

聖教のことば

解脱《げだつ》の光輪《こうりん》きわもなし
光触《こうそく》かぶるものはみな
有無《うむ》をはなるとのべたまう
平等覚《びょうどうかく》に帰命《きみょう》せよ

（『浄土和讃』・真宗聖典四七九頁）

小学三年生の男の子が、一年生の夏休みに交通事故に遭《あ》い、一年ほど意識が戻らず、いわゆる「障がい児」というレッテルをはられて生きていくことになりました。

そんな中で「自分で歩くこともできなければ話すこともできない、自分の意思を伝えることもできないようなものが、生きている価値があるのか」という外からの声を聞きました。両親にとっては、ただでさえ大きなショックなのに、彼の存在を否定するその言葉は、生きる勇気さえも奪い取ってしまうくらい厳しいものでした。

私たちは、子どもが生まれる時に、誰もが「五体満足《ごたいまんぞく》」であってほしい、「健康」であってほしいと願います。それは何らかのハンディを背負うと、非常に生きにくい世の中だからでしょう。「障がい」はマイナスと考えられていますから、そのようなことは自分や自分の身内にあってはならないことと思われてしまいます。

「障がい」とはマイナス価値なのでしょうか。「障害」という漢字があらわすように、「障《さわ》りがあって害がある」存在なのでしょうか。決してそうではありません。能力、体力、機能、すべてが満たされているという人は存在しないと思います。生きるということは、私のいのちが、家族、友だち、さまざまなものに支えられて成り立つのです。目にみえてハンディを背負っている人たちだけが、支えられなければ生きることができないのではありません。

以前つきあっていた友人に、重度《じゅうど》の「障がい」を持つ青年がいました。彼は二十四時間、車椅子《くるまいす》の生活を強《し》いられてきました。二十歳を過ぎたころ、母親ばかりに面倒はかけられない、もっとたくさんの人たちとつながって生きていきたいと、親元《おやもと》を離れ一人でアパート暮らしを始めました。手も足も使えない彼にとって、一人暮らしは非常に厳しいものでした。しかし、それでも彼は意欲的に生きていきました。彼の人生を簡単に言い表すことはできませんが、彼は、「障がい」を受《う》け容《い》れたことから始まり、「障がい」を乗り越え、一人の人間として人生を全《まっと》うしたのではないかと思います。

浄土真宗では、「浄土に生まれる」と表現しますが、生きる意欲を獲得するという意味でもあると思います。親鸞聖人《しんらんしょうにん》はその意欲を、「「欲生」と言うは、「欲」はすなわちこれ願なり、楽《ぎょう》なり、覚なり、知なり。「生」はすなわちこれ成《じょう》なり、作《さ》なり、為なり、興《こう》なり」（真宗聖典二二三～二二四頁）とおっしゃっています。「欲」は学んだりふれたりすることで得ること、また「生」は身で表現するという漢字を当てられています。それは、私が起こすところの欲求というよりも、いのちそのものが求めてやまない願いなのでしょう。

私たちは、それぞれがさまざまな「障がい」を抱えて生きています。表面の姿にとらわれて、それをマイナスのもの、あってはならないものとみる時、いのちそのものを見失ってしまいます。

いのちの願いに気づく時、人は、さまざまなものとつながることで、意欲をもって生きるのでしょう。

考えてみよう！

◆「障がい」とはいったいどういうことなのでしょうか。

性差別《せいさべつ》―自分らしく生きる

聖教のことば

智慧《ちえ》もいらず才学《さいかく》もいらず、富貴《ふき》も貧窮《びんぐ》もいらず、善人も悪人もいらず、男子《なんし》も女人《にょにん》もいらず、ただもろもろの雑行《ぞうぎょう》をすてて正行《しょうぎょう》に帰《き》するをもって本意とす。

(『御文』・真宗聖典七八五頁)

私たちの中には、男(女)に生まれようと思って生まれてきた人は一人もいません。気がついてみたら男(女)に生まれていたのです。「たまたま」男(女)に生まれてきたのに、だんだん大きくなってくると男(女)の子だからと言われて差をつけられたり、いやな思いをしたことはないでしょうか。これから紹介するのは、てつや君という小学一年生が書いた詩です。

おとこのくせにと　いわれたこと

きょう
おにいちゃんと　けんか　して
あたまを　たたかれました。
ものすごく　いたかったので
わあわあと　ないて　しまいました。
おかあさんが　きて
おおきな　こえで
「おとこのこのくせに　なくな。」と
おとこのひとみたいに　おこった。
そして　どたどたと　いって　しまった。
ぼくは
ちいさな　こえで
「なんだ　おんなのくせに。」と
いいかえしてやった。

詩の中に「男の子のくせに」「女のくせに」という、「くせに」という言葉が出てきました。この「くせに」って、いったい何でしょうか。

お母さんは、泣かないで強くたくましく生きるのが男の子らしいと思っているから、泣いているてつや君を「男の子のくせに」と叱ったのです。そう言われたてつや君が言われっぱなしではなく、「女のくせに」とお母さんに言い返しているところが面白いですね。

「男の子のくせに」と言われて、いやだなと感じたてつや君の中にも、優しくてどたどた歩いたりしない、おしとやかなのが女らしいという思いがあるから、お母さんに「女のくせに」と言い返せたのです。オギャーと生まれてから小学一年生になるまでのわずか七年の間に、てつや君は男らしいとか女らしいとか言われていることが、どういうことなのか身につけてしまったというわけです。

男(女)だから男(女)らしくって、誰がいつ決めたのでしょう。例えば、男の子のランドセルの色は黒で、女の子は赤。男の子はピストルのおもちゃやミニカーで遊ぶけれど、女の子はお人形やおままごとで遊ぶ。でもその逆はだめなのでしょうか。

これは、子どものことだけではなく、むしろ大人の中で男、女と分けられているからではないでしょうか。テレビコマーシャルを見ていると、お料理や洗濯をしているのは女の人が多いし、会社で働いていたり、お酒を飲んだりスポーツをしているのは男の人が多い。こんなふうに、私たちは「いつの間にか」、男の仕事、女の仕事があるかのように思わされています。

でも最近では、少しずつそういう考え方が変わってきました。ランドセルの色もいろいろあって、その中から自分の好きな色が選べるようになってきています。職業も、看護婦《かんごふ》や保母《ほぼ》は女の人しかなれなかったけれど、今は男の人もなれるようになって、看護師《かんごし》、保育士《ほいくし》と呼ばれるようになりました。タクシーやダンプカーの運転手になる女の人も増えています。でも男は女より偉いとか上だという考え方は、まだまだ残っています。

『仏説阿弥陀経《あみだきょう》』の中に、「青色青光《しょうしきしょうこう》、黄色黄光《おうしきおうこう》、赤色赤光《しゃくしきしゃっこう》、白色白光《びゃくしきびゃっこう》」という言葉があります。これは「あなたはあなたらしく生きていい。あなたの友だちも、その人らしく生きている時がいちばん輝いているんだよ」という私たちへのメッセージです。

それと同時に「自分らしく生きる」とはどういうことなのかが、私たちに問いかけられているのです。男のくせに、女のくせに、男だから、女だからというのは、まるで私たちが自分自身を小さな箱の中に合わせたり、相手を押し込めようとして傷つけ合っているようなものです。「あなたらしく生きていい」という呼びかけに、私たちはどう応えていくことができるでしょうか。

考えてみよう！

◆男女が互いを「大切にする」とはどういうことでしょうか。
◆「らしさ」は大人から子どもへ伝わっていきます。例えば、家庭内での役割分担はどうなっているでしょうか。

原発《げんぱつ》

聖教のことば

形《かたち》あるいは人に似たり、あるいは獣《じゅう》等のごとし。心正直《しょうじき》ならざれば、名づけて「諂誑《てんおう》」とす、と。

（『教行信証』化身土巻・真宗聖典三九七頁）

福島第一原子力発電所《ふくしまだいいちげんしりょくはつでんしょ》から放出された放射能《ほうしゃのう》はどれだけの数値《すうち》があるのでしょうか。本当の事はわからないような気がします。除染作業がなされても、どこまで続けなければならないのかわかりません。放射能を無くすことは、世界の高度な知識や、技術をもってもできないのが現状です。なのになぜ原子力発電所を造り続けるのでしょうか。そこには、現代人の欲望を満たすために、将来の事には目を瞑《つむ》るという傲慢な姿が見えてくるようです。

私たちは、毎日の生活を便利で快適にするために、電力を消費し続けています。例えば、銀行やデパートに入ると、空調が整っていて、冬は暑く（暖かく）、夏は寒い（涼しい）です。そして、日本中どこへ行っても自動販売機と二十四時間営業のコンビニがあり、電気が消える時はありません。

このまま、自然への負荷をかけ続け、破壊し続けていいのでしょうか。このまま、私たちはこの地球を誰も住めない星にしてしまうのでしょうか。

一九八六年四月二十六日、ロシアのチェルノブイリ原発四号機から噴き出た「死の灰」は広島に投下された原爆八〇〇発分に相当します。コンクリートで石棺《せっかん》をつくり、放射能の放出は食い止めましたが、コンクリートが風化《ふうか》して、いつ壊れるかわからないのが現状です。福島第一原発をどのように終息させるか、方法すらわからない。自然界を破壊してきたつけが、手を変え品を変えて、我々に襲いかかってくるのではないでしょうか。欲望の果てには、奈落《ならく》の底《そこ》に落ちていくしかないのでしょう。

東本願寺《ひがしほんがんじ》の大寝殿《おおしんでん》に有名な竹内栖鳳《たけうちせいほう》が描いた水墨画《すいぼくが》があります。「風竹野雀《ふうちくやじゃく》」「歓喜《かんぎ》」「古《こ》柳眠鷺《りゅうみんろ》」三つのテーマで描かれた絵は、明治の京都画壇《がだん》を代表する絵師の描いたものだけにすばらしいものがあります。

「古柳眠鷺」では今にも折れそうな古木の柳《やなぎ》の木に鷺《さぎ》が片足でしかも安心して眠っている姿から、古来《こらい》、悟《さと》りの境地を表現しているという…。

しかし、絵と言うものの見方は一つではありません。全く逆な見方もあるのです。「古柳眠鷺」では、今にも折れてしまいそうな木とも知らずに眠らされているとも読み取ることができるのではないでしょうか。つまり原発事故で明らかになったとおり、安全、安全と聞かされ根拠のないまま信じさせられていたのです。

原発の問題はだれが悪いとか責めることではなく、汚染された大地・空気・水を未来の子どもたちに残すことになった事実を、私たち一人ひとりがどう受け止めるかが問題なのでしょう。

考えてみよう！

◆テレビや新聞の情報はいつも正しいのでしょうか。

◆社会の問題と私はどうつながっているのでしょうか。

環境《かんきょう》

聖教のことば

一切《いっさい》の有情《うじょう》は、みなもって世々《せせ》生々《しょうじょう》の父母《ぶも》兄弟なり。

(『歎異抄』・真宗聖典六二八頁)

毎日、犬の散歩で通る河川敷《かせんしき》があります。

空にはハトやサギなどの鳥たちが舞《ま》い、木陰ではネコの親子が昼寝をし、川にはカモが可愛《かわい》らしい赤ちゃんを連れ泳ぎ、コイが優雅に泳いでいます。

ここは、市民の憩《いこ》いの場でもあり、集まるたくさんの生き物たちに、それぞれが思い思いにパンくずや、時には専用のエサを用意して与えています。

毎日すれ違う中で、そんな人たちと言葉を交わすことも多く、どの方たちにも鳥や魚、あるいはネコたちに対する愛情や、「良いこと」をしていることの自負《じふ》と、優しさあふれる思いやりを感じました。

そんなある日、この河川一帯《かせんいったい》の生態系《せいたいけい》を調査している人と出会い、「このあたりに住む動物たちはとても幸せですね。たくさんの人たちが毎日のように食べ物をあげていますから」と言いますと、その人は困った顔をし、意外な言葉を返しました。

「それが今、大変なことになっているのです。あまりにもエサを与えすぎるため、あまったエサが川の中で腐敗《ふはい》したり、川では水鳥やコイ、陸地ではネコなどの過剰《かじょう》な量の糞《ふん》が、水質や土壌《どじょう》を汚染《おせん》し、結果として、他の昆虫を含む多くの生き物たちが生活できない河川になりつつあります。また、全体からみたら、一部の生物にかたよってエサをあげるために、部分的に繁殖《はんしょく》しすぎてしまい、生態系のバランスがおかしくなってきているんです」。

なんということでしょうか。かけがえのないいのちを守りたい、育《はぐ》みたいという私たち人間の願いが、その願いとは裏腹《うらはら》に、そこに生きる生物たちに、結果として住みづらいばかりではなく、生きてすらいけない環境を作りだしているのです。

いのちを愛し、憐《あわ》れみ、守り、育む気持ちは尊く、大切なことです。ですが、つい見落としがちなことは、いのちを大切にするという「良いこと」をしているつもりでありながら、知らず知らずのうちに、すぐ近くに生きる者たちを傷つけてしまったり、場合によっては、いのちそのものを奪ってしまいかねないという現実です。
　自分が「良いこと」だと思ってしてきたことが、その者にとって本当に「良いこと」だったのでしょうか？　実は困らせ、傷つけてきたのではないか？　「誰かのため」と言いながら、実は他ならぬ自分自身を良く見せたいための行いではないか？　この河川をとりまくいのちの問題は、他人事ではなく、実は私自身の生き方こそが問われていたことでした。

考えてみよう！

◆ **あなたにとって「良いこと」、あるいはその反対に「悪いこと」とはどういうことですか。**

ゴミ

聖教のことば

謂《い》わくかの浄土は、これかの清浄の衆生《しゅじょう》の受用するところなるがゆえに、名づけて器とす。浄食《じょうじき》に不浄の器を用うれば、器不浄なるをもってのゆえに、食《じき》また不浄なり。不浄の食《じき》に浄器を用うれば、食不浄なるがゆえに、器また不浄なるがごとし。

（『教行信証』証巻・真宗聖典二九一頁）

家も学校も、町の中も、ゴミはたくさんあふれています。それは、使えなくなったものや、いらなくなったものです。

ゴミ箱が、いくつかに分かれているのを知っていますか。たとえば駅のゴミ箱は、紙くず、あきカン、あきビン、ペットボトル、新聞雑誌などに分かれています。皆さんの家でも、最低、燃えるゴミと燃えないゴミくらいには、分かれていると思います。

一九八〇年ころまでは、ゴミの量も今ほど多くなかったので、全部燃やして、その燃えガラを埋めていました。けれども、ゴミの量があまりにも増えすぎたので、これは何とかしなければと、やっとまじめに考えるようになりました。「限りある資源を大切に」とか、「分ければ資源（役にたつもの）、混ぜればゴミ」というポスターを街で見かけるようにもなりました。

人間が大昔、マンモスを追いながら、ほら穴に住んでいたころ、食べものも、身につけるものも、みんな自然のものばかりでした。だから、ゴミを捨てるといっても土に返していたわけです。自然とうまく共存していたのです。ところが文明が進歩してくると、ゴミの量も多くなり、後始末に困るようなものも出てきました。

ところで、量が増えても、自然の大きな力や工夫でまた使えるゴミは、もういちど役に立つことができます。たとえば水は、どんなに汚れても長い時間をかけて、もう一度きれいな水になって人間が飲めるようになります。食物の残りやカスも、一時は「生ゴミ」という姿をとりますが、長い目でみれば自然の大きな力によってゴミはなくなるといえるでしょう。

しかし人間は、プラスチックなどの「ポリ塩化《えんか》ビニール」というものを作りました。これは、おもちゃ・文具・カード・食器の包装《ほうそう》・家具など、身のまわりのものにたくさん使われています。これらのゴミは、燃やすと「ダイオキシン」という毒を発生させます。燃やさなくてもカップ麺などの容器から人間の体の中に入りこみ、悪い作用をもたらします。これを「環境ホルモン」といって、人間の体だけではなく、魚介類や動物にも悪い変化をもたらしていることがわかってきました。「ポリ塩化ビニール」は人間や自然にとって、最も危険なゴミのひとつです。

電気などのエネルギーをつくる原子力発電所もまた、危険なゴミを作りますが、このゴミも捨て場がなくて困っています。このように人間が作り出したものが、どうしても自然にもどらず、かえって人間に悪い結果をもたらす、とてもむずかしい世の中になってきました。

私たちは、その中で何ができるのか、何をしなくてはならないのか。自然を壊し、地球を壊しては、人間は生きてはいけなくなるのです。

考えてみよう!

◆便利な生活の課題をみつめましょう。

不登校《ふとうこう》

聖教のことば

「自然法爾《じねんほうに》」(自力《じりき》をすてて如来《にょらい》さまにお任せする。ありのまま)

ある座談会《ざだんかい》の席上で一人の少女から、「私はどうして人に生まれてきたのでしょうか。なぜ生きてゆかねばならぬのですか」という質問が出されました。

二日間の研修会が終わったあとも、その時集まった人々の心に残ったのは、この質問でした。この問いは、答えようのない問いであり、それを問わずにおれない心を、だまって思いやるほかに、答えようのない問いです。

問う人も黙《もく》し、答えるものも黙する他ないが、その問いが答えとなることもあります。

それまでの私は、子どもは学校へ行くものと思っていました。

それまでの私は、子どもたちは同じように入学して卒業するものだと思っていました。それまでの私は、真面目に勉強さえしていれば、我が子も、よりよい高校、大学、一流企業に入れるはずだと思っていました。

それまでの私は、学校に行かなければ我が子の将来がなくなってしまうと思っていました。

それまでも私は、学校に行かない子どもたちがいることは知っていました。それまでの私は、そのようなわがままな子どもは、甘やかして過保護《かほご》に育てた親の責任だと思っていました。

まさか、我が子が学校へ行かなくなるとは。

これまで家族仲良く暮らしてきました。我が子を特に甘やかして育てたつもりもありません。なのに朝、起きません。夜、眠りません。パソコンの前から動きません。

さあたいへんです。世間並みのことができないなんて、我が家の恥です。このままでは子育てもできない親だとみられてしまいます。早く学校へ戻さなくては。宥《なだ》めたり賺《すか》したりすることに懸命な私たちには、我が子の声が聞こえませんでした。本当の姿が見えませんでした。

枠《わく》にはめ込まれ、押しつぶされ、一様の姿にされてしまうことへの不安と焦り。なにもわかってくれない。それどころか、世間でいい子と言われる以外には、自分の存在を誰も認めてはくれない苦しみ。「このままでは、自分らしく生きていけない」。
ついに、学校からも家からも逃げ出すほかに道はありません。ことここに至っては、私の世間に対する見栄《みえ》も外聞《がいぶん》も吹き飛んでしまいました。

さて、不登校の問題といえば、私たち大人が、問題のある子どもをどう登校させるかという対処の仕方に止《とど》まりがちでした。ところが、その原因は多岐《たき》にわたりますから、どうすればいいか、どう考えればいいかという方法について書かれた本は数限りなく出版されています。

不登校とは、やっかいな子どもが抱えている問題のように考えがちですが、実はその子が登校を拒否するという姿で、私たち大人に対して問題を提起したのです。ギリギリの、命がけの問いを、私たちになげかけているのです。

一見、何事もない家庭の中に起こる不登校。家族の一人ひとりの内面を剔《えぐ》りだし、愛と憎しみの葛藤《かっとう》、うめきとなって世間にさらけだすことになります。しかし、それは不登校となるまでの問題が、不登校となって解決を求めているともいえます。

「悩《なや》むというのは自覚《じかく》である。悩まされるというのは無自覚である」という言葉があります。

悩まされる世界から悩む世界へ。限りなく問うべき課題が生まれること、限りなき歩みの始まりです。

考えてみよう！

◆抱えきれない悩みや問題に出会った時、そこから学ぶというのはどのような姿なのでしょうか。

教育《きょういく》

聖教のことば

浄土宗のひとは愚者になりて往生す

（『末燈鈔』・真宗聖典六〇三頁）


教育はとても大切な事です。同時に教育はとても怖いことです。

「児童憲章《じどうけんしょう》」では、児童について次のように謳《うた》われています。

児童は、人として尊ばれる。

児童は、社会の一員として重んぜられる。

児童は、よい環境の中で育てられる。

はたして今日、教育の現場で、日常生活の中で「児童を人として尊ぶ」眼差しがあるでしょうか。

教育には、幼児教育、義務教育、専門教育があります。幼児教育は、根を育てる教育。義務教育は幹《みき》を育てる教育。専門教育は枝葉《しよう》を育てる教育と言われています。これらは学校教育と言っても良いでしょう。

文部科学省《もんぶかがくしょう》の有識者会議で「道徳」の時間を教科としていくことが議論されています。道徳的価値観の強制は危険であり、心の評価など教育の中でできるはずもありません。愛国心教育も謳われていますが、国が個人の心の中まで踏み込むのは教育とは言えないでしょう。

浄土真宗《じょうどしんしゅう》の僧侶《そうりょ》で小学校の教師をされた東井義雄《とういよしお》先生は、「宗教心のない教育は悪魔を造る」また、「人は人に育てられると人となり、狼《おおかみ》に育てられると狼になり、仏に育てられると仏になる」と言われています。

人間は誰しもが間違いを犯《おか》す存在です。それは親も子も同じです。親も子も一緒にお内仏《ないぶつ》で仏さまに頭を垂《た》れる。そんな姿が大切なことを伝える場になるということなのでしょう。

時代は成果主義《せいかしゅぎ》、能力《のうりょく》主義、弱肉強食《じゃくにくきょうしょく》主義が席巻《せっけん》しています。教育の目的もあたかもそこにあるかのように。しかし、その結果として成果を挙げられない者、能力のない者、弱い者は肩身《かたみ》を狭《せま》くして生きなければならない状況です。

親鸞聖人《しんらんしょうにん》は「煩悩具足《ぼんのうぐそく》の凡夫《ぼんぶ》」と言われています。人間は過《あやま》ちを起こす、罪を犯す存在として「痛み」を共有するものだと。

教える側はいつも正しいのではなく時には過ちを起こすかもしれないという「痛み」をもって教育は営まれるものなのでしょう。

考えてみよう！

◆学校教育と仏教の教えはどう違うのでしょうか。

死《し》刑《けい》制《せい》度《ど》

聖教のことば

すべての者は暴力におびえ、すべての者は死をおそれる。己《おの》が身をひきくらべて、殺してはならぬ。殺さしめてはならぬ。

（『ブッダの真理のことば』～ダンマパダ）

さるべき業縁《ごうえん》のもよおせば、いかなるふるまいもすべし

（『歎異抄』・真宗聖典六三四頁）

個人が時としてさまざまな理由で起こしてしまう殺人も、国家がおこなう戦争という名の殺人も、それは「してはならない」と多くの人が考えるでしょう。けれども、もう一つの殺人である死刑についてはどうでしょうか。

死刑は、個人的な殺人ではありません。憲法に定められた刑法にもとづいて執行される、人間を抹殺する法的制度です。このような法的制度を存置するかどうかは国家の裁量です。国によっては死刑を廃止したところもあります。むしろ、世界の多くの国の流れは、死刑を廃止する方向です。しかし、日本は※アメリカや中国と同じく死刑を存置している国です。

死刑制度はさまざまな考え方によって正当化されていますが、それでも死刑は間違いなく国家によっておこなわれる殺人です。死刑もまた殺人行為であるという認識を忘れてはならないのです。そして、それを支えているのは、私たちが承認した法律です。

つまり、私たち一人ひとりが死刑という人殺しに手を貸しているということです。他人ごとではなく私の問題です。それでは私たちは、殺人に違いないこの死刑制度に対してどのように向き合えばいいのでしょうか。

お釈迦《しゃか》さまは「すべての者は暴力におびえ、すべての者は死をおそれる。己《おの》が身をひきくらべて、殺してはならぬ。殺さしめてはならぬ」とおっしゃいました。死刑を肯定することは、このお釈迦さまの教えに背くことになります。

しかし、感覚的には他者の生命を奪ったのだから、自分の生命をもって償うべきであると、どこかで死刑を肯定する意識も同時に持っています。

この教えと自らの感覚の狭間で、人ひとりの生命に自分がどう関わるのか、人間としての私の在り方が問われる極めて主体的な問題なのです。

※アメリカ合衆国内でも、死刑制度を廃止している州もあります。

考えてみよう！

◆自分はどこに立って発言しているのでしょうか？

生命倫理《せいめいりんり》

聖教のことば

朝《あした》には紅顔《こうがん》ありて夕《ゆう》べには白骨《はっこつ》となれる身《み》なり

（『御文』・真宗聖典八四二頁）

脳死《のうし》、臓器移植《ぞうきいしょく》、安楽死《あんらくし》、出生前診断、人工授精《じんこうじゅせい》、デザイナーベビー、クローン、遺伝子操作《いでんしそうさ》等、現代は生命倫理に関する多くの問題があります。

臓器移植をしなければ助からない病気の子どもを救うために、莫大《ばくだい》な募金を集めてアメリカへ渡って手術をするというニュースをよく耳にします。

医学の進歩は、今まで治らないとされた病の治療を可能にし、助からなかったいのちを救うことを可能にしました。救われたいのちにとって、それはとてもすばらしいことなのでしょう。

しかし、これらの医学の進歩は、同時に考えなければならない多くの倫理的な問題があります。心臓が動いていても、脳が死んだと判定されれば臓器を取り出すことができるというのが、脳死臓器移植です。以前は、人の死は心臓が止まることでした。心臓が動いていても死んだことになるのでしょうか。このことは私たちに人の死とは何かを問うてきます。

出生前診断は、お母さんのお腹《なか》の中にいる赤ちゃんを、産まれる前に診断し、健康な子か、障がいを持った子なのかを調べます。もし、障がいを持った子だったら、産むか産まないか判断をすることになります。生まれていいいのちと、生まれてはいけないいのちがあるのでしょうか。

不治の病で回復の見込みもなく、耐《た》え難《がた》い痛みに苦しむ人が安楽死を望むという事例も多くあるようです。オランダ、ベルギーなどでは、法律で安楽死が認められています。生きるとは、どういう意味を持っているのでしょうか。

生命倫理に関わる問題は、単に良い、悪いという、答えの出る問題ではありません。病気になれば、他の人の臓器をもらってでも「治りたい」と願い、子どもが授からなければ「欲しい」と願い、耐え難い痛みに苦しむことになれば、「死にたい」と願うことを、否定するこ

第3章

とはできません。

ただ、それらの願いを叶えるためには、何をしても良いということではないはずです。臓器の売買が横行《おうこう》するインドなど発展途上国《はってんとじょうこく》では、貧しい人のいのちが移植を受けられる裕福な人にお金で買われているのです。裕福な人はどんな治療も受けられるが、貧しい人は受けられないという状況を生み出しています。

出生前診断などは、初めは純粋に子どもを授かりたいという願いであったものが、優秀な子どもならいいが、障がいを持った子どもはいらないという、親が自分のイメージする子どもだけが欲しいという、デザイナーベビーや優性思想《ゆうせいしそう》に向かっているようです。安楽死の問題は、回復の見込みのない者は生きている価値がない、とされているように見えます。

私たちは、生命倫理の問題とどのように向き合えばいいのでしょうか。お釈迦さまは、生きることも、老いることも、病気になることも、死ぬことも、苦しみであると言われます。いつまでも若くありたいと思っても必ず老い、そして病を患い、どんなに死にたくなくても死んでいかなければならないのが、私たちのいのちです。

一休《いっきゅう》さんは、「生きる時は生きるがよかろう、死ぬる時は死ぬるがよかろう」とおっしゃいました。私たちは本来、思いどおりになるはずのないいのちを、いのちは自分のものだから自分の思いどおりになる、と自分の所有物《しょゆうぶつ》のように考えます。ですから、思いどおりにならない病気になった時に、「こんなはずではない」と苦しむのです。

仏さまの心を表した「抜苦与楽《ばっくよらく》」という言葉があります。仏さまが私たちの苦しみを抜いて楽を与えることを言います。これは思いどおりにならないことが私の思いどおりになり、楽になることではありません。自分が何に苦しめられているのかに気づく仏の教えに出遇うことが、苦を抜き、楽を与えるということでしょう。問題がなくなるのではなく、その問題を抱えたまま、心安らかに歩むというあり方です。

人間が臓器移植を何度繰り返しても、必ず死ぬことだけは間違いのないことなのです。

考えてみよう!

◆年をとること、病気になること、死ぬことは私にとってどのような意味を持つのでしょうか。

第4章

行事

- 修正会
- 涅槃会
- お彼岸
- 花まつり
- お盆
- 報恩講
- 成道会

修正会《しゅしょうえ》 ―お正月のお参り

お正月をむかえることは、心がわくわくします。子どもの心には、お年玉がもらえることが一番うれしいことでした。前の年の十二月の末には、大掃除をし、お餅《もち》をつき、おかざりをして、正月をむかえる準備をします。

新年を慶《よろこ》ぶということは、どういうことなのでしょうか。十二月に「よいお年をおむかえください」と言ったり言われたりして、年が明けると「今年こそは、がんばろう」「今年こそ、いい年にしよう」と意気込むことは大事ですが、毎年この繰り返しのような気がします。本当に満足した一年を過ごしていないから、毎年「今年こそは」となるのでしょう。

室町《むろまち》時代の蓮如上人《れんにょしょうにん》は、本願寺《ほんがんじ》の第八代を継《つ》がれた方で、親鸞聖人《しんらんしょうにん》の教えを人々に広くわかりやすく説かれました。その蓮如上人の弟子に、勧修寺《かんしゅうじ》の道徳《どうとく》という方がいました。道徳は、正月に蓮如上人を訪ねました。蓮如上人は道徳に「道徳はいくつになるぞ。道徳、念仏《ねんぶつ》もうさるべし」と言われました。道徳は、お念仏申さぬ人なのか。そうではありません。仏さまの教えを聞き、一生懸命にお念仏申す人です。そのような人に、どうして蓮如上人は「道徳はいくつになるぞ。道徳、念仏もうさるべし」と言われたのでしょうか。

第4章

幼稚園の園児と話をしました。「もし、空気がなかったらどうしよう?」「もし、水がなかったらどうしよう?」と。すると、「生きられへん」「死んでしまう」と言います。もし空気が好き嫌いをして、「あんた嫌いやし、あんたとこには行かへん」となったら大変です。でも、空気はちゃんと私のところにいてくれます。子どもたちから「そや、地面もや」「火もや」「空もや」と大事なものが次々にでてきました。

生きるのに、なくてはならない大事なものを、私たちはあって当たり前のように思っていました。「そういえば、空気にありがとうを言ったことあるか?」。もちろん、空気に「ありがとう」って言ったことはありません。そこで、子どもたちと一緒に、空気や水や大地や火に「ありがとう」を言いました。ある子は詩の中で、砂に「踏んづけて痛かったね、気づかずにごめんなさい」と書いていました。

私たちは、自分にとって都合の良いことが大好きで、都合の悪いことが大嫌いという生き方をしています。自分の力で生きていると勘違いをしています。自分の力のおよばない、私を支えてくれている本当に大切なことが何であるのかを見直すことが大事です。頭では理解していても、今一度、新しい年をむかえる時に、仏さまの教えを聞く、そのお正月のお参りが修正会《しゅしょうえ》です。

涅槃会《ねはんえ》

お釈迦《しゃか》さまがお亡くなりになった二月十五日にお勤《つと》めする法会《ほうえ》を、「涅槃会《ねはんえ》」と呼びます。この法会では、お釈迦さまが息を引き取られる間際に周りを囲み、悲しみ嘆く、お弟子方や、ありとあらゆる動物たちの様子が描かれた涅槃図という絵がよく飾られます。この時、お釈迦さまは、頭を北に向けて横になっておられたことから、亡くなった方を北枕《きたまくら》に寝かせる風習ができたそうです。

ある子ども会の時のこと、みんなで布団を敷いていると「北はどっち？　これって北枕じゃない？」と、しきりに心配している子がいました。どうして北を心配するのかをたずねると、おじいちゃんから北枕は死者と同じ寝方だからよくないと聞き、死ぬのはイヤだからといって、結局その子だけ別向きに布団を敷いて眠りました。北枕はよくないといっても、そもそも、必ず死は平等に起こります。

死ぬのはいやだと思っても、その思いどおりにならないこの身。では、このいのちをどのように生きていったらいいのでしょうか？

お釈迦さまは、涅槃図に描かれている、自分の死を悲しみ、周りを囲む人々に向かって

「自灯明《じとうみょう》 法灯明《ほうとうみょう》」という言葉を残されました。この言葉は、死んでいく私を拠《よ》りどころとするのではなく、また、みんなが言っていることを拠りどころとするのでもなく、自分を拠りどころとし、教えを拠りどころとして生きていきなさいとの呼びかけです。しかし、「自分を拠りどころとする」と言っても、「自分の思いどおりにする」ということではありません。

また、「自分」という言葉を、わかったこととして日常使っていますが、多くの人が本当の意味を考えず、わからずに使っているのではないでしょうか。

最近、「自分探し」という言葉をよく耳にします。この言葉は、とっても変てこなものに聞こえます。今これを読んでいるあなた。そのあなた以外、どこにあなたがいるのでしょうか? 人は誰もが「いつでもない、今」「どこでもない、ここ」「誰でもない、自分」を生きているはずです。しかし、なかなかそう思えないのは、どこか間違った考え方で「自分」を見てしまっているからです。それは、この「いやな自分」「だめな自分」「思いどおりにならない自分」ではなく、「もっとすばらしい自分」「失敗なんかしない自分」「思いどおりの自分」がどこかにいると思っているから、そんな間違いをするのではないでしょうか。

だからこそ、そんな私たちに、教えによって自分が照らし出され、「自分」が明らかになり、かけがえのない「いのち」を生きる「自分」であることに気づきなさいと教えてくださっているのです。お釈迦さまは、その「明らかとなった自分」を拠りどころにせよと言葉を残されたのです。「阿弥陀《あみだ》のいのちを生きるこの身」に目覚め、そこから新しい歩みが始まることを願われたからでしょう。

涅槃会は、このお釈迦さまの言葉である「自灯明　法灯明」の呼びかけに、阿弥陀さまの前で、教えをとおしてあらためて自分を見つめ直し、そこから新しい一歩を踏み出していく機会となっていくような法会として勤めたいものです。

お彼岸《ひがん》

寒い冬も去り、灰色の空もすっかり明るく晴れわたって、ポカポカとあたたかい春の日ざしが、やわらかく萌《も》え出た若草とたわむれて、とてもよい気持ちです。

今日は、お彼岸。みなさんのお父さんやお母さん、おじいちゃんおばあちゃんも、忙しい中から、仏さまの教えを聞きにお寺にお参りします。お彼岸は、三月の春分《しゅんぶん》の日を真ん中にして一週間と、九月の秋分《しゅうぶん》の日を真ん中にして一週間の、春秋二回あります。これは春分の日も、秋分の日も、一年中でこの二日だけが、昼と夜の時間の長さが同じで、お日さまがちょうど真東からのぼって、真西に沈むのです。

お日さまの沈む真西の、はるか向こうに、仏さまの国があって、尊い教えを説いてくださっています。ですから、お彼岸の時にあらためて仏さまの教えをしっかり聞いていこうということから「お彼岸会」ができ、みんなが一生懸命仏さまの教えを聞いたのでした。

ところで、「お彼岸」には、こんなお話があります。

昔々、あるところに二人の「牛飼《かい》」がいました。ちょうど梅雨《つゆ》どきのように長く降り続いた雨がやみ、すっかり晴れあがったある日のこと、牛飼の一人が、たくさんの牛の群れをひきつれて、大きな河の向こう岸へ渡ろうとしました。ところがこの牛飼は、こちらの岸や河の向こう岸を、はっきりと調べていないどころか、渡れる場所か、危ない場所かもわからないところを、むりやり牛の群れを追いたてて渡ろうとしたものですから、さあたいへん。たくさんの牛たちは河の中ほどへ来ると、たちまち、一かたまりになり、どっと河の流れにまきこまれて、おぼれ死んでしまいました。

さて、もう一人の牛飼も、雨がすっかりあがり晴れわたった良いお天気の日に、やはりたくさんの牛の群れをひきつれて、同じ大きな河を渡ろうとしました。この牛飼は、前の牛飼とちがって、こちらの岸と向こう岸をよく観察したうえで、渡るのにいちばんよい場所をしっかり調べてから、牛の群れを向こう岸へ渡そうとしました。まず最初に、たくさんの牛の中でいちばん強い牛たちを、河の流れに入れたところ、強い牛たちは上手に流れを横ぎって、みるみるうちに、向こう岸に着きました。こんどは、よく飼いならされた、次に強い牛を流れに入れると、この牛たちも、がんばって、向こう岸にたどりつきました。

最後に残ったのは、力の弱い子牛たちや、乳ばなれしたばかりの赤ちゃん牛たちです。この子牛や赤ちゃん牛たちも、流れに入り、その強い流れを横ぎって進もうと、力いっぱいがんばりました。ときどき、力がゆるむと、押し流されそうになります。その時、すでに向こう岸に渡っているお父さん牛やお母さん牛が、「子牛ちゃーん。一生懸命がんばってくるんだよ。そらっ、わき目をふらずに、しっかり、しっかり！」と、声のかぎりに呼びかけてきます。子牛たちは、その呼び声にひかれ、はげまされて、一生懸命進んだので、とうとう無事に向こう岸に渡りつくことができました。

これはこの牛飼が、こちらの岸や、向こうの岸の、渡り場所をていねいによく調べて、正しく導いたからです。また牛たちも、牛飼の言うとおり、素直に従って、わき目もふらずに、一生懸命進んだからなのです。

このお話の中の、子牛が私たちなのです。向こう岸も、こちらの岸もはっきり知らない人に引かれると、溺れてしまいます。向こう岸というのは、まことの世界、仏さまのお浄土《じょうど》のことです。

こちらの岸というのは、良いこと、まことのことに気づかないような人たちの岸です。その途中の流れは、まことの世界にいく人たちが、脇見《わきみ》をすると流されて溺れてしまう危ない流れです。私たちをまことの世界へ正しく導いてくださるのが、仏さまなのです。

仏さまは、私たちを素直で、明るい人間にしたいという慈悲《じひ》深《ぶか》いお心で、詳しくたくさんの教えを説いてくださいました。私たちは、仏さまの教えを心をこめてお聞きして、まことの世界、彼岸に向かって進みましょう。

花《はな》まつり（降誕会《ごうたんえ》）

今から二五〇〇年ほど前の四月八日に、お釈迦《しゃか》さまはお生まれになりました。お釈迦さまの誕生を祝う「花まつり」または「降誕会《ごうたんえ》」という行事が、古くから人々に大切にされてきました。

伝説では、お釈迦さまが生まれた時に七歩あゆみ、天と地を指さし「天上天下唯我独尊《てんじょうてんげゆいがどくそん》」と叫ばれ、空からは甘い雨が降り注いだと伝えられています。そのことから、降誕会では、お釈迦さまの仏像に甘茶《あまちゃ》をかける儀式が行われています。

さて、お誕生日にはなぜお祝いをするのでしょうか。お誕生日とは、みんなから「おめでとう」と祝ってもらったり、プレゼントをもらったりするためだけの日なのでしょうか。

みなさんは、自分がお母さんのお腹の中から生まれた時のことを覚えていないと思います。きっとお母さんも、あなたも大変な痛みや苦しい思いをして生まれてきたはずです。しかし、「生まれたい」といういのちの要求があったからこそ、お母さんも、あなたもその苦しみや痛みを乗り越えることができて、今ここにあるのではないでしょうか。ところが、どうがんばっても、どうしても自分の思いどおりにならないことが起きてしまった時

「こんなことなら、自分は生まれてこなければよかった…」とか「自分なんかいてもいなくてもいっしょ…」と思ったことはないでしょうか。

お釈迦さまは、「何のために自分は生まれて、今生きているのだろうか」と深く問い続けました。

そして、「天上天下唯我独尊」とおっしゃられたように、自分を誰かと比べてよかったとか悪かったということではなく、そのままの自分で「尊い」ことに目覚められたのです。このことから、誕生日には「そのままで尊い私」が新しく誕生した記念の日としてお祝いをするのでしょう。

降誕会は、私たちがそのことに気づかされ、伝えてくださったお釈迦さまの誕生をみんなでお祝いし、共に確認し合う集いなのでしょう。

また、降誕会は、お釈迦さまの誕生をお祝いする行事ですが、真宗では、特に親鸞聖人《しんらんしょうにん》の誕生を祝い、「ご誕生会」としてお勤めしています。親鸞聖人は、承安《じょうあん》三（一一七三）年の四月一日にお生まれになりました。東本願寺《ひがしほんがんじ》では親鸞聖人の誕生をお祝いして、この日を中心として「春の法要」が勤められています。

仏教の教えを開いてくださったお釈迦さま。お釈迦さまの教えから本願念仏《ほんがんねんぶつ》の教えをお伝えくださった親鸞聖人。仏教行事といえば、人が亡くなってからの年忌《ねんき》法要《ほうよう》等が多い中で、お釈迦さまのお誕生日を祝う「花まつり・降誕会」と並んで、親鸞聖人の「ご誕生会」が毎年勤《つと》められていることは、仏さまの教えをいただく私たちにとって、とても意義深いことです。

お盆《ぼん》—倒懸《とうけん》・さかさま

お盆になると、お墓参りやお寺参りに行ったり、お内仏《ないぶつ》でお参りをしたりします。

「お盆」は盂蘭盆会《うらぼんえ》といって、梵語《ぼんご》の「ウランバナー」を音訳したもので、「倒懸」といわれます。「木に逆さに吊るされたような苦しみ」という意味です。

一般的には、お盆にはご先祖《せんぞ》の霊がこの世に帰って来られるとされています。お供《そな》えをいっぱいいしてお迎えし、そして、お送りする。京都では大文字山《だいもんじやま》が有名な五山《ござん》の送り火がありますし、地方によっては、精霊流《しょうろうなが》しをされるところもあります。ご先祖を供養《くよう》する大切な仏事とされています。

ある時、こんな質問を受けました。「お盆には、ご先祖さんが帰って来られると言われますが、家の仏壇に帰って来られるのですか？　お墓参りにも行きますが、お墓に帰って来られるのですか？　どちらですか？」と。〝霊〟ということを言えば、いろいろな問題（迷い）がでてきます。

真宗では、霊ということを言いません。ご先祖の方々は、仏さまとなって、私たちを導いてくださるのです。迷いのない静かな世界にいらっしゃいます。ご先祖を供養しようとしますが、実は供養されているのは私たちなのです。

さて、近年花粉症《かふんしょう》の人が増えているようです。木が子孫を残そうとして花粉を出すことは当然のことなのに、私たちはそのことに文句を言ってしまいます。天気にも文句を言っています。「今日は花粉がいっぱい飛ぶなぁ、雨が降ればいいのに」。常は、雨が降るとうっとうしいと言い、花粉のこの時期には雨がいいというのです。自分勝手な都合ばかりです。

木は自然に背《そむ》きませんから、環境が悪かったら子孫を残すために多く花粉を出します。無理な植林《しょくりん》をしたり、その環境を悪くしているのは私たちなのに、そのことも忘れて、自分たちの力（科学の力）でどうにかしようとして、花粉を少ししか出さない木をつくろう、花粉が出なくなるようにしようと考えてしまいます。私たちを生かしてくれている自然に対して、背くことばかりをしています。自分以外のものの生命力をも奪っています。そのことに気づかず、人間の知恵を自慢し、一番賢いとうぬぼれているのです。まったくさかさまな生き方をしています。

自分が迷っているのに、他のせいにし、私を支えてくれている大事なものに背き続けている、そんな「さかさまな生き方」をしている私に、「それでいいの？」と問いかけてくださっています。仏さまを供養しているつもりが、実は供養されているのです。

その問いかけに応え、教えを聞く歩みを始めるのが、お盆のお勤めの意味です。

報恩講《ほうおんこう》

親鸞《しんらん》さまのご命日を縁として、おつとめをし、仏法《ぶっぽう》を聞き、お斎《とき》を食し、語り合うなどする場を「報恩講《ほうおんこう》」といいます。

私の祖父は「仏さまの教えに出遇《であ》った人は、毎日の生活が報恩講なのです」と先生から教えられたそうです。報恩講の〝恩〟という字は『ツルの恩返し』と同じ字を書きますが、毎日が恩返しならば大変です。はたして報恩講とは、何かの恩返しをすることなのでしょうか。

学生時代に「君たちは育ててもらった恩を、家族に返せましたか」と質問されたことがあります。しかし、クラス全体で数人しか手をあげられませんでした。その時「手をあげた人は、恩の深さを本当にわかっていますか。一生かかっても返しきれるものではありませんよ」と先生は言いました。手をあげた人が間違っているということではなく、返したつもりでも、いただいた恩は決して返しきれない深いものだと、先生は教えてくれたのです。その大切さに本当の意味で気づいた時、初めて「返しきれない」という気持ちがおこってくるのだと気づかされました。

子どものころ、「南無阿弥陀仏《なむあみだぶつ》、南無阿弥陀仏」とお参りしているおばあさんに「手を合わせて何をお願いしているの」とたずねると、「うらはお礼をとげにきただけや」とこたえてくれました。これは石川県の方言で「私はありがとうと伝えに来ただけですよ」という意味です。そこに〝○○してくれたからありがとう〟とは違う、もっと深いありがとうを感じました。ご恩を返しきれない申し訳ないという気持ちと、そのような自分にも仏さまの教えが届いたという感動が、おばあさんの「南無阿弥陀仏」という声になって現れたのだと思います。報恩とは恩を返すことではなく、このように感動して心からありがとうという気持ちが湧き上がってくることです。そして、その気持ちを忘れないように大切にすることが報恩講なのです。

このおばあさんとは、幼いころからいろいろなお話をしました。その中でも「あんちゃん、お金も知恵もあり過ぎるとおとろしいぞ」という言葉が、深く心に残っています。〝おとろしい〟は〝恐ろしい〟という意味の方言で、「お金や知恵に頼りすぎると、人は大切なものを見失ってしまう」ということです。楽しく生きる道や賢く生きる道ではなく、人が人としていきいきと生きる道におばあさんは出遇《であ》っておられました。

みなさんは、いきいきと生きていますか。その難しさを「素の自分が出せない」という言葉で表現してくれた、中学生の友だちがいます。私たちは自分の思いどおりにならないこの世界で、ありのままに生きることができるのでしょうか。一生懸命がんばって生きることで、世界がひらけたり深まったりします。けれど、その裏側には前しか見えなくなったり、周りの思いに気づけなくなるという一面もあります。自分の力を尽くして全力投球しても、いきいきと生きることはとても難しいのです。

しかし、あきらめることはありません。そのような私たちのために仏さまがいらっしゃるのだと、親鸞さまは教えてくださいました。親鸞さまがお書きになった『正信偈』という偈《うた》の中に「煩《ぼん》悩《のう》障《しょう》眼《げん》雖《すい》不《ふ》見《けん》　大《だい》悲《ひ》無《む》倦《けん》常《じょう》照《しょう》我《が》」という言葉があります。「人はいろいろな思いが邪魔をして光を見ることができないけれど、それでも仏さまは私を照らしてくださいます」という意味です。同じいのちを生きているはずなのに、自分の気持ちによって楽しいだけでなく辛くなってしまう時もあります。だからこそ、どんな時でも光を感じられるように、いのちを喜べるように仏さまの教えがあるのだと、親鸞さまはあきらかにしてくださいました。

報恩講にはみんなで集まって『正信偈』のお勤めをし、親鸞さまの教えを聞きます。そして、生きていく中で本当に大切なことを見失わないように、その教えに自分の生き方を確かめるのです。

成道会《じょうどうえ》

今から二五〇〇年ほど前の十二月八日に、お釈迦《しゃか》さまは覚《さと》りを開かれたと伝えられています。この覚りを開かれたことを成道《じょうどう》といい、お釈迦さまの成道を祝っておつとめされる法会《ほうえ》が成道会です。

覚りを開くというと、みなさんはどのようなイメージをもっているでしょうか。もしかすると、ふつうの人がもっていない特別な力をもったスーパーマンのようになると考えているかもしれませんが、そうではありません。覚りを開くことを成道というように、「本当の人間に成る道」を見つけることです。決して特別なことではなく、当たり前のことを、当たり前のこととして気づくことを「覚りを開く」というのです。そして、当たり前のことを当たり前として気づいた人を、「本当の人間」というのでしょう。ですから、お釈迦さまの眼で自分を見ると、私は当たり前のことが見えていないし、本当の人間になっていないと映るのではないでしょうか。それでは、なぜ私たちはなかなか当たり前のことに気づけないのでしょうか。

以前、学校の先生から「人のことを色メガネで見てはいけません」と教えられたことがありました。その時は、先生が言っている意味がよくわかりませんでした。でも、よくよく考えてみると、人のことを見る時に限らず、「色メガネ」という自分の思い込みをとおして、すべての物事を見ていることに気づかされます。

伝言ゲームを知っていますか。自分の思い込みで伝言を聞いてしまうので、聞き伝えるうちにどんどん言葉が変わっていって、初めと最後では聞いたことがまったく違う内容になってしまいます。聞いたことを聞いたままに、当たり前のことを当たり前に見ることはとても難しいことです。

ふだん自分が見たり聞いたりしているものと、ほかの人が見たり聞いたりしているものが違うとはなかなか考えませんが、実は人それぞれが自分の思いという色メガネをかけているので違っているのです。それぞれが自分の思いをとおして見ているのに、自分の見たり聞いたりしていることは間違っていないと思っている時、人とわかり合うのは、本当に難しいことになるのではないでしょうか。

人間は「ひと」と「あいだ」と書くように、人と人の間、つまり「つながり」の中で生きています。成道会とは自分の思いによって「つながり」を閉ざしていることを気づかされることから「本当の人間に成《な》っていく道」を教えられ、その道を尋ねていってほしい。その願いを聞き合い確かめ合うことが、この法会に願われているのではないでしょうか。

第5章

知っておきたい仏教の基本

- 本尊
- お寺
- お内仏
- 合掌
- 念珠
- お経
- 正信偈
- 御文
- 法事
- お葬式
- 焼香
- 清め塩
- お墓
- 霊魂
- 帰敬式
- 法名
- 袈裟
- 仏前結婚式
- 初参り式
- 除夜の鐘
- 日曜学校・寺院子ども会

本尊《ほんぞん》

真宗では「南無阿弥陀仏《なむあみだぶつ》」の六字を本尊《ほんぞん》とします。そして、その心を姿で表されたのが、阿弥陀如来《あみだにょらい》です。多くのお寺では阿弥陀如来の木像が本尊として安置されています。各家のお内仏《ないぶつ》では阿弥陀如来の絵像が多いようです。いずれも本尊は「本当に尊い」という意味です。

『大無量寿経《だいむりょうじゅきょう》』というお経に法蔵菩薩《ほうぞうぼさつ》という方のことが書かれています。

法蔵菩薩は、「私の名を一回でも称《とな》えた人が、ひとりでも救われないならば、私は仏にはならない」という誓いを立てられます。その誓いが成就《じょうじゅ》して、法蔵菩薩は阿弥陀如来という仏さまになられます。

すべていのちあるものを救わずにはおれないという阿弥陀さまからの願いがかけられた存在が私たちです。

その願いに気づかずに生きている私たちですが、阿弥陀さまからは常に願われ、呼びかけられているのです。

特別に何か能力のある人、成功した人、努力した人を救うというのではありません。何もできなくても、何ももっていなくても、ありのままのあなたを救いますと呼びかけられているのです。その呼びかけにありがとうという感動をもって私たちから出る言葉が「南無阿弥陀仏」です。その阿弥陀さまと私たちの出遇《であ》いが「本当に尊い」ということになっていくのです。

お寺《てら》

お寺は「人が亡くならなければ用がない」などと言われ、葬式や法事をするところというイメージが一般的なようです。

以前、あるカルト宗教に入信した若者が「お寺は風景でしかなかった」と言ったそうです。彼にとって、古い建物や大きな伽藍《がらん》は、自分の生活とは関係のない文化財のようなものにしか見えなかったのでしょう。彼には悩みを相談したり、救いを求めるところとは思えなかったのでしょう。

お寺の本来願われたあり方とはどのようなものなのでしょう。

浄土真宗《じょうどしんしゅう》のお寺は儀式を執《と》り行う場でもありますが、人々が集い、仏さまの教えを聞き、悩みや苦しみ、日々の生活のさまざまな問題をとおして仏さまの教えに出遇《であ》う場です。

浄土真宗のお寺の本堂は仏さまの安置されている内陣《ないじん》といわれる空間よりも、人々が入れる畳の場所が広く作られています。それは、一人でも多くの人に入ってもらい、仏さまの教えを聞いてほしいという願いが形になっているということです。

お内仏《ないぶつ》(仏壇)

一般的には仏壇と言われますが、浄土真宗《じょうどしんしゅう》ではお内仏《ないぶつ》と言います。内《うち》なる仏ということです。昔の人は、お内仏は鏡であると言われていたそうです。ここでいう鏡は、本当の自分をありのままに映し出す鏡ということなのでしょう。

ときどき、お内仏に宝くじをお供えしてあるお宅があります。その方にとってお内仏は、仏さまに出遇う場所ではなく、お金が入るようにお願いする場になります。そこにはご先祖や仏さまというよりも、お金が手に入ることが目的になります。その時には、欲の深い自分の顔が映し出されているということです。

お内仏は、お願いをするところではありません。仏さまは、個人個人の勝手な願いを叶えてくれるのではなく、むしろ現実は思いどおりにならないということを教えてくれているのです。自分の都合しかお願いできない私たちが、本尊《ほんぞん》と向き合い自分自身を見つめ直し、教えに出遇うことが、仏さまが家の中にある意味です。

合掌《がっしょう》

合掌の掌は、「手のひら」、ものを握る側の面のことです。胸の前で両手を合わせ、何かに心をまっすぐに向かわせる、それが合掌です。

インドでは現在でも挨拶の時に合掌をして「ナマステ」と言います。ナマステはあなたを敬《うやま》いますという意味があるそうです。私たちが仏さまに向かい合掌するということは、仏さまを敬いますということです。

合掌は一般的にはお寺や神社で神仏に向かう時にします。神社でお参りする時はお願いごとをすることが多いようですが、仏さまに向かって合掌するのは少し意味が違います。何かをお願いするのではなく、「誰とも代わることのできない一度きりの尊いいのちをしっかりと生きよ」と願いをかけてくださる仏さまに手が合わさるのです。手を合わせるのではなく、手が合わさるというのが仏教の合掌ではないでしょうか。

また、食前食後に合掌しますが、一斉に食べ始めるための号令ではありません。いのちをいただかずには生きられない私が、そのいのちに思いをはせた時、合掌せずにおれないということがあるのでしょう。

念珠《ねんじゅ》

お釈迦《しゃか》さまがいらっしゃったころ、難陀国《なんだこく》という国の王さまが、戦争や悪い病気の流行などをたいへん心配されてお釈迦さまに相談したところ、「ムクロジの実を、百八つ糸でつないで連珠《れんじゅ》を作り、いつも身体から離さず、心よりお念仏《ねんぶつ》を称《とな》えればそれらの心配は消えるでしょう」と答えられました。早速、王さまが実行したところ、これらの心配は消え去ったと言われ、これがお念珠のはじまりと言われています。

珠の数を一〇八としたのは、人間の心がそれほど移り変わり乱れるということからで、これを「一〇八つの煩悩《ぼんのう》」と言っています。玉の数は一〇八が本来の形ですが、持ちやすくするために半分の五十四、四分の一の二十七などさまざまな形があります。

また、お念珠は、お念仏の回数を数える道具としても用いられ、その使い方からお数珠《じゅず》とも呼ばれてきました。

蓮如上人《れんにょしょうにん》は、『御文《おふみ》』の二帖目《にじょうめ》に「珠数《じゅず》の一連をもつひとなし。さるほどに仏《ほとけ》をば手づかみにこそせられたり」（真宗聖典七八三頁）と言われ、仏さまに向かう時にはお念珠を手にすることを勧められています。

※念珠の起源には諸説あります。

お経《きょう》

お経は、ご法事やお葬式など、仏事の場において読まれます。その際、お坊さんは仏さまに向かいお経を読みます。お内仏《ないぶつ》(仏壇)にはその家の亡き人の「法名《ほうみょう》」が安置されていますから、一見すると、亡くなった方に対して読まれているように見えてしまうかもしれません。

そうではなく、お経は、今を生きている私たちが仏さまの教えを聞いていくために読まれるのです。

今から二五〇〇年前、お釈迦《しゃか》さまが生前説かれた教えを、後のお弟子さんたちが伝え残してくれたものがお経です。中国から命がけでインドまでお経を求めて旅をした『西遊記』の話は有名です。命の危険をおかしてもお経を求めたのです。そのお経がインド・中国・朝鮮へ、そして二五〇〇年という時を越え今、私たちのところへ届いているのです。

お経で説かれた仏さまの教えは、私たちに歩むべき道を指し示してくれるのです。お経の「経」は「たて糸」という意味があります。私たちのバラバラのあり方が「よこ糸」です。私たちの人生をたてにつらぬき、織り上げるものがお経です。

正信偈《しょうしんげ》（正信念仏偈《しょうしんねんぶつげ》）

「正信偈《しょうしんげ》」は、親鸞聖人《しんらんしょうにん》が「南無阿弥陀仏《なむあみだぶつ》」に出遇《であ》われた感動を書かれた偈《うた》です。

「正信偈」には、最初の方に一人のひとが、永遠の寿《いのち》と光《ひかり》をもって生きつづける阿弥陀仏《あみだぶつ》になるまでのいきさつが語られています。

それは、二五〇〇年前、インドに生まれたお釈迦さまによって説かれた「永遠のいのちの物語」というお経の話です。

そして、あとのほうで、その永遠の仏の心を「南無阿弥陀仏」という真実の言葉によって表わし、伝えてきた七人の人々の教えが述べられています。

それは次のような方たちです。インドの龍樹《りゅうじゅ》、天親《てんじん》。中国の曇鸞《どんらん》、道綽《どうしゃく》、善導《ぜんどう》。そして日本の源信《げんしん》、源空《げんくう》（法然《ほうねん》）。

このように、インドからアジア全土に地下水のようにしみこみ、風にのり、海をこえて中国、朝鮮、日本にまで伝わってきた「南無阿弥陀仏」の歴史がうたわれているのです。

「南無阿弥陀仏」にこめられた仏教の心とは、はてしない「いのち」の深さ、広さ、重さを願いにあらわし、真実の心と言葉によって呼びかけるものです。

それは、人類の歴史に流れる、あらゆる「いのちあるもの」と共に生きたい、という願いです。そして、差別《さべつ》と暴力《ぼうりょく》の渦巻くこの世界に生きる者の、魂の奥に息づいている、本当の自由と平等と平和を願う、解放への祈りなのです。

御文《おふみ》

『御文』は本願寺第八代の蓮如上人《れんにょしょうにん》(一一三ページ参照)が、真宗の教えを正しく伝えるため、全国の門徒《もんと》へむけて書かれたお手紙です。

当時文字を読める人が少なかったので、それぞれの地域で文字を読める人が代表で声に出して読み、それを多くの方が聞いて真宗の教えが全国に広まりました。

その内容は、親鸞聖人《しんらんしょうにん》の教えから、真宗門徒として心がけること、お念仏《ねんぶつ》のこと、そして「死」についてなどさまざまです。

『御文』には、現在見つかっている二百数十通の中から八十通を五冊の本にまとめた『五《ご》帖《じょう》御文』とそれ以外の『帖外御文』と呼ばれるものがあります。

蓮如上人は、今から五〇〇年ほど前に亡くなられましたが、『御文』は「大切な教えに出《で》遇《あ》ってほしい」「どうかお念仏を称《とな》えてほしい」という願いと共に、今を生きる私たちに届けられた「お手紙」なのです。

法事《ほうじ》

法事は、誰のためにおつとめするのでしょうか？

亡くなった方への追善供養《ついぜんくよう》として、「霊を慰めるため」や「亡き人を迷わせないため」、つまり、亡くなった方のために行うと思われている方は多いのではないでしょうか。

亡くなった方は、慰めなければならない存在でも迷う存在でもありません。そのいのちを精一杯生き、最後は亡くなる姿をとおしていのちのはかなさ、尊《とうと》さを遺《のこ》った者に教えてくれているのです。

亡くなった方は私に先駆けてお念仏の教えに出遇《であ》っていかれた方です。むしろ、亡き人から、そして仏さまから私が供養され、願われていることを受け止めるのが法事の場です。つまり、仏教では、どこまでも自分自身の生活を仏さまの教えに聞いていく場として法事をおつとめします。そこからお念仏を申していく生活が始まっていくことが願われているのです。

第5章

お葬式《そうしき》

葬式仏教という言葉がありますが、それは仏教が葬儀《そうぎ》を大切にしてきたという歴史があるからなのでしょう。仏教が葬儀を大切にしてきた理由は、葬儀が「死」と向き合う大切な「時」と「場」を私たちに与えてくれるからではないでしょうか。

いのちあるものは必ず死ななければいけないということは、頭の中では理解していますが、「死」はできるだけ遠ざけ、考えたくない問題としてあるのではないでしょうか。しかし、「死」の問題を考えずに、本当に充実した「生」を生きることができるでしょうか。

末期癌《まっきがん》の方が、残された時間を大切に生きたという話を聞いたことがあります。末期癌を宣告《せんこく》され、自分の死ぬ時を自覚したところから、「今」を大切に生きようという歩みが始まるのです。つまり、「死」は私たちにあらためて「生」の尊さを気づかせてくれるのです。

身近な人の死は、私たちに悲しみだけを残していくのではありません。葬儀は弔問《ちょうもん》に訪れる私たちも、また限りあるいのちをいただいていることを気づかせてくれる大切な「場」なのです。

焼香《しょうこう》

焼香とは、お香《こう》を焚《た》いて、すばらしい香りに満ちているといわれる極楽浄土《ごくらくじょうど》の世界を表現することと伝えられています。一般的にはお通夜や葬儀《そうぎ》、そしてご法事《ほうじ》などで焼香をします。

その時に大切にしたいことは、お浄土の世界を表現しているということの意味を考えることです。

「その人はただ死んだのではない　その人は尊いいのちを生きたのだ」と、言われた方がいます。亡くなった方は一回きりの尊いいのちを生ききって、老いていく姿、病んでいく姿、そして死んで骨になっていく姿をとおして、残った私たちに逃れようのない生老病死《しょうろうびょうし》の事実を教えているのです。老いも病も死も悲しいことですが、その悲しみをとおして私たちは仏さまの世界に出遇うのです。深い悲しみの中、お香の清らかな香りが私たちに安らかな仏さまの世界を感じさせてくれるのです。

清《きよ》め塩《じお》

葬儀《そうぎ》が終わり、火葬場《かそうば》から帰って来た時に、服に塩をかけるということが行われている地域が多いようです。それは「清め塩」といって、亡くなった人のけがれを清めるためにしているようです。しかし、人の死はけがれているのでしょうか。塩で清めなければいけないのでしょうか。清めないと何か悪いことが起こるというのでしょうか。

例えばおばあちゃんが亡くなったとします。葬儀の後に塩をかけて、おばあちゃんの死のけがれを清めたとすると、かわいがってくれたおばあちゃんも、清めなければいけない、けがれたものにしてしまうことになります。それはとても悲しいことです。

生まれてきたいのちは、必ず死にます。死んでいった人は、私たちに、「私が死んでいったようにあなたも必ず死ぬのですよ。だからこそ、生きているということを大切にしてください」と教えてくれているのです。死んでいく姿をとおして、私にいのちの尊さと、今を大切に生きてほしい、というメッセージを残してくれているのです。

お墓《はか》

仏教では、お釈迦《しゃか》さまのお骨を納めた仏舎利塔《ぶっしゃりとう》がお墓の起源といえます。一方でお墓は、ピラミッドや古墳のように権力の象徴という一面もあります。お釈迦さまの弟子たちは、お釈迦さまを偲《しの》びその教えを大切にしたいという願いから仏舎利塔を建てました。その意味で、ピラミッドや古墳とは建てられたことの意味はまったく違うと言えます。

お釈迦さまも、私たちと同じように死ぬ身を生きたということがそのまま教えになるということです。生前にどんな権力や多くの物を手に入れた人でも、最後は死んでいかなければなりません。そして、生前手に入れた地位も名誉も権力もどんな財宝も、すべて置いていかなければならないのです。

亡くなられた方は、骨になった姿をとおして死という厳粛な事実を私たちに教えてくれているのです。死という悲しみが、残った私たちにいのちのはかなさ、尊さを教えてくれるのです。お墓はお願いごとをする場ではありません。自分も必ず死んでいかなければならない身であることを亡き人から教えられ、今、確かに生かされて在《あ》ることの尊さを南《な》無阿弥陀仏《むあみだぶつ》と手を合わせ、いただく場所なのです。

第5章

霊魂《れいこん》

「霊魂はあるのですか？」「亡くなった人の魂は迷っていませんか？」ということをよく聞きます。死んだ後、その人の霊魂がどうなったのかを心配しているのでしょう。人は死後に霊魂や魂になって、迷ったり、祟《たた》ったりするのでしょうか？　逆に守護霊《しゅごれい》のように生きている人を守ってくれるのでしょうか。

亡くなった人の霊魂を供養《くよう》しないと悪いことが起こると思い込んでいる人もいます。霊魂や守護霊が見えると言う人もいます。しかし、霊魂が自分たちの幸不幸を左右するという考え方は、順調な時は「おかげさま」、悪いことが続けば「先祖が祟ってきた」と成功も失敗も霊魂が決めるということになってしまいます。そして、霊魂が見えるという人の言いなりになってしまいます。

お釈迦さまは「天上天下唯我独尊《てんじょうてんげゆいがどくそん》」と、すべてのいのちは平等で尊いと教えています。私たちが霊魂に振り回されて生きている生き方は結局のところ、自分を見失って生きることになります。霊魂があるかないか、ということではなく、今という時を大切に歩むことが大切であると教えてくれています。

帰敬式《ききょうしき》

帰敬式は、阿弥陀《あみだ》さまと親鸞聖人《しんらんしょうにん》の前で、真実の教えを聞いていく者として、これからの人生を歩んでいくことを誓う大切な儀式です。

帰敬式は「おかみそり」ともいわれ、「仏・法・僧」を最も大切な拠《よ》りどころとして生きていくことを誓うことから、仏さまの弟子としての名前「法名《ほうみょう》」が授《さず》けられます。

真宗の法名には「釈(尼)」の字がつきます。「釈尊」つまりお釈迦さまの一文字をいただいた釈○○、釈尼○○という形式です。

一般に「法名は死んでから授かるもの」と思われがちですが、本来は生きているうちに授かるものなのです。

「法名」をいただき、名のるということは、仏さまの教えが生活の中心になるということです。さらに言えば、今までの自分とは違う、仏さまと共に歩む人生が始まるということです。

帰敬式を受けるということは「私は仏さまの教えを聞いて生きていきます」というお約束をすることです。

法名《ほうみょう》

「帰敬式《ききょうしき》」を受けた後に名のる名前を、「法名《ほうみょう》」といいます。法名は、亡くなった人につける名前ではなく、仏さまの教えを聞いていくことに誓いを立てたその時、仏さまの弟子、すなわち「お念仏《ねんぶつ》を申《もう》す身《み》」となり、いただく名なのです。

仏さまの弟子となった名前を、多くの宗派《しゅうは》では「戒名《かいみょう》」といいますが、真宗では「法名」と言います。戒名は、戒律《かいりつ》を守って仏道修行をする人に名づけられる名前です。親鸞聖人《しんらんしょうにん》は、ご自身を「愚禿釋親鸞《ぐとくしゃく》」と名のられました。親鸞聖人は自分自身をみつめた時、とても戒律を守り生きていける者ではないといただかれます。それでは、戒律を守れない人は仏さまの教えを聞けないのだろうか、仏さまに救われないのだろうか。そんなことはない。たとえ戒律を守ることができなくても、心の底から仏さまの教えを学びたい、正しく生きたいと願った者は仏さまの弟子である。すべての人が救われる教えこそ本当の仏教であると、親鸞聖人は仏さまのお心の深さをいただかれたのです。

袈《け》裟《さ》

お坊さんが衣《ころも》の上につけている袈裟は、どんな意味があるのでしょう。もともとは、インドで、お釈迦さまのもとで出家した僧侶たちが身につけた布が起源《きげん》だといわれています。お釈迦さまの教団では、財産や私有物を持つことが認められていませんでした。ですから、着る物も、使い道がなくなったようなぼろ布を継ぎ合わせて使っていたのです。汚物（糞）などを拭ったあとの布などが使われたため糞掃衣《ふんぞうえ》ともいわれていました。

布は、当時のインドでは大変貴重な物でした。お寺やお坊さんに物やお金をだすことを、布施《ふせ》といいます。大切なものを施すという意味です。

布は織られると、最初は着る物として使われます。そして着る物として使えなくなると、物を拭くことに使われます。そして最後にぼろぼろになって使い道のなくなった布を集めて袈裟をつくるのです。布を継ぎ合わせて、一枚の袈裟にすることは、「つながり」を表すともいわれます。

お釈迦さまが決められたその袈裟を着けるということは、お釈迦さまの教えを大切にいただいて生きていきます、という意味があります。

第5章

仏前結婚式《ぶつぜんけっこんしき》

親鸞聖人《しんらんしょうにん》は初めて仏前で結婚されたお方であるといっても言いすぎではないでしょう。

従来《じゅうらい》仏教では、女性を仏道《ぶつどう》の修行のさまたげとなる存在として位置づけていました。ですから、結婚生活をしながら僧侶《そうりょ》として歩んでいくということは、非常識なことでした。しかし親鸞聖人は、先生である法然上人《ほうねんしょうにん》の「聖《ひじり》であって念仏《ねんぶつ》ができないならば妻帯して念仏せよ　妻帯したために念仏ができないというならば聖になって申せ」という言葉もあって、恵信尼《えしんに》さまと夫婦の生活を営みながら仏道を歩まれたのです。

親鸞聖人は、恵信尼さまと夫婦として生活されることによって、念仏を称《とな》えていかなければならない身であることを何度も何度も再確認されました。親鸞聖人は恵信尼さまを、念仏を称える道を導いてくださるかけがえのない観音菩薩《かんのんぼさつ》さまとして敬われたのです。

浄土真宗《じょうどしんしゅう》の仏前結婚式は、ご本尊阿弥陀如来《ほんぞんあみだにょらい》の尊前で、お互いを尊重し助け合う人生のよきパートナーとして出会ったご縁《えん》の不思議さを胸に、共に歩む誓いを立てる厳かな式です。

初《はつ》参《まい》り式《しき》

初参り式には、赤ちゃんがきれいな服を着て親に抱かれお参りにこられる風景が目に入ってきます。この景色を見ているとなぜか心が朗《ほが》らかになってきます。

この初参り式は、赤ちゃんだけではなく、親御《おやご》さんも主人公なのです。

赤ちゃんは周りの大人の愛情により日々成長していきます。その成長は見てはっきりわかるぐらいのものです。そして親も、子どもが成長すると同時に、子どもとのコミュニケーションを重ねることによって親として成長していくのです。子どもによって親が育てられていくのです。

初参り式は、お経頂かせとも言われます。仏さまの深い願いの中で子どもが子どもとして育ち、同時に親が親として育ってほしい、お経を大切な教えとしていただいて、人として育っていいてほしいという願いがあるからです。

第5章

除《じょ》夜《や》の鐘《かね》

お寺には音を出す道具がいくつもあります。その中でも一番大きなものが、つり鐘《がね》（梵《ぼん》鐘《しょう》）です。

みなさんがつり鐘を思い浮かべる時に、最初に出てくるのが大晦日《おおみそか》、元旦《がんたん》の除夜の鐘ではないかと思います。では、その除夜の鐘とはいったい何なのでしょう。

よく、鐘をつくことで一〇八つの煩悩《ぼんのう》を消してしまうと聞きます。しかし、鐘をついたくらいで煩悩はなくなるのでしょうか。なくさなければならないものなのでしょうか。親鸞聖人《しんらんしょうにん》は、「不断煩悩得涅槃《ふだんぼんのうとくねはん》」とおっしゃいました。煩悩を断《だん》ぜずして涅槃《ねはん》を得る、ということです。大切なことは煩悩をなくすことではなく、煩悩を消し去ることのできない私の身の事実を見つめることです。

お正月の初めにお寺では修正会《しゅしょうえ》という法要《ほうよう》が勤まります。年の初めに、「どうかお寺に来て仏さまのみ教えを聞いて、新しい年をスタートしてください」という私たちへの呼びかけではないでしょうか。

日曜学校《にちようがっこう》・寺院子《じいんこ》ども会《かい》

ある住職《じゅうしょく》さんが、お寺の子ども会で子どもたちと一緒に正信偈《しょうしんげ》を勤《つと》めた後に、「今日の正信偈のお勤めは六十点ぐらいだな」と言ったそうです。すると、ある子どもから「お寺に来ても点数か」という言葉が返ってきたそうです。住職さんは、「子どもたちに教えられた」とおっしゃっていました。

学校教育では、授業で教えたことをテストして点数をつけます。点数はそのまま、子どもたちに優劣《ゆうれつ》をつけることになります。点数で評価される関係は、点数をつける者は絶対で、高い点数をとった子は良くて、低い点数の子はダメ、というように、教える側、高い点数の子、悪い点数の子とすべて分断《ぶんだん》される関係です。

お寺で行われる日曜学校・子ども会は、大人も子どもたちも共に仏さまの前に座り、お念仏《ねんぶつ》を称《とな》えて正信偈をお勤めします。仏さまの前では、大人も子どもも一緒です。逆に、子どもから教えられることもたくさんあります。優劣や上下の関係ではなく、どこまでも平等な関係としてひとりと出会う場所が、お寺の子ども会です。

第5章

資料

児童憲章

われらは、日本国憲法の精神にしたがい、児童に対する正しい観念を確立し、すべての児童の幸福をはかるために、この憲章を定める。

児童は、人として尊ばれる。
児童は、社会の一員として重んぜられる。
児童は、よい環境のなかで育てられる。

一　すべての児童は、心身ともに健やかにうまれ、育てられ、その生活を保障される。

二　すべての児童は、家庭で、正しい愛情と知識と技術をもって育てられ、家庭に恵まれない児童には、これにかわる環境が与えられる。

三　すべての児童は、適当な栄養と住居と被服が与えられ、また、疾病と災害からまもられる。

四　すべての児童は、個性と能力に応じて教育され、社会の一員としての責任を自主的に果たすように、みちびかれる。

五　すべての児童は、自然を愛し、科学と芸術を尊ぶように、みちびかれ、また、道徳的心情がつちかわれる。

六　すべての児童は、就学のみちを確保され、また、十分に整つた教育の施設を用意される。

七　すべての児童は、職業指導を受ける機会が与えられる。

八　すべての児童は、その労働において、心身の発育が阻害されず、教育を受ける機会が失われず、また、児童としての生活がさまたげられないように、十分に保護される。

九　すべての児童は、よい遊び場と文化財を用意され、わるい環境からまもられる。

十　すべての児童は、虐待・酷使・放任その他不当な取り扱いから守られる。あやまちをおかした児童は、適切に保護指導される。

十一　すべての児童は、身体が不自由な場合、または精神の機能が不十分な場合に、適切な治療と教育と保護が与えられる。

十二　すべての児童は、愛とまことによって結ばれ、よい国民として人類の平和と文化に貢献するように、みちびかれる。

宣　言（水平社宣言）

全国に散在する吾が特殊部落民よ団結せよ。

長い間虐められて来た兄弟よ、過去半世紀間に種々なる方法と、多くの人々とによってなされた吾等の為めの運動が、何等の有難い効果を齎《もた》らさなかった事実は、夫《それ》等のすべてが吾々によって、又他の人々によって毎に人間を冒涜されていた罰であったのだ。そしてこれ等の人間を勦《いたは》るかの如き運動は、かえって多くの兄弟を堕落させた事を想えば、此際吾等の中より人間を尊敬する事によって自ら解放せんとする者の集団運動を起せるは、寧ろ必然である。

兄弟よ、吾々の祖先は自由、平等の渇仰者であり、実行者であった。陋劣《ろうれつ》なる階級政策の犠牲者であり男らしき産業的殉教者であったのだ。ケモノの皮剥ぐ報酬として、生々しき人間の皮を剝ぎ取られ、ケモノの心臓を裂く代価として、暖かい人間の心臓を引裂かれ、そこへ下らない嘲笑の唾まで吐きかけられた呪われの夜の悪夢のうちにも、なほ誇り得る人間の血は、涸れずにあった。そうだ、そして吾々は、この血を享けて人間が神にかわらうとする時代におうたのだ。犠牲者がその烙印を投げ返す時が来たのだ。殉教者が、その荊冠を祝福される時が来たのだ。

吾々がエタである事を誇り得る時が来たのだ。

吾々は、かならず卑屈なる言葉と怯懦《きょうだ》なる行為によって、祖先を辱しめ、人間を冒涜してはならぬ。そうして人の世の冷たさが、何んなに冷たいか、人間を勦《いたは》る事が何んであるかをよく知っている吾々は、心から人生の熱と光を願求礼讃《がんきゅうらいさん》するものである。

水平社は、かくして生れた。

人の世に熱あれ、人間に光あれ。

大正十一年三月三日

全国水平社創立大会

世界人権宣言（仮訳文）

前文

人類社会のすべての構成員の固有の尊厳と平等で譲ることのできない権利とを承認することは、世界における自由、正義及び平和の基礎であるので、

人権の無視及び軽侮が、人類の良心を踏みにじった野蛮行為をもたらし、言論及び信仰の自由が受けられ、恐怖及び欠乏のない世界の到来が、一般の人々の最高の願望として宣言されたので、

人間が専制と圧迫とに対する最後の手段として反逆に訴えることがないようにするためには、法の支配によって人権保護することが肝要であるので、

諸国間の友好関係の発展を促進することが、肝要であるので、

国際連合の諸国民は、国際連合憲章において、基本的人権、人間の尊重及び価値並びに男女の同権についての信念を再確認し、かつ、一層大きな自由のうちで社会的進歩と生活水準の向上とを促進することを決意したので、

加盟国は、国際連合と協力して、人権及び基本的自由の普遍的な尊重及び遵守の促進を達成することを誓約したので、

これらの権利及び自由に対する共通の理解は、この誓約を完全にするためにもっとも重要であるので、

よって、ここに、国際連合総会は、

社会の各個人及び各機関が、この世界人権宣言を常に念頭に置きながら、加盟国自身の人民の間にも、また、加盟国の管轄下にある地域の人民の間にも、これらの権利と自由との尊重を指導及び教育によって促進すること並びにそれらの普遍的かつ効果的な承認と遵守とを国内的及び国際的な漸新的措置によって確保することに努力するように、すべての人民とすべての国とが達成すべき共通の基準として、この世界宣言を公布する。

子《こ》どもたちと聞《き》く仏《ほとけ》さまの教《おし》え

仏教《ぶっきょう》ハンドブック

2016（平成28）年8月10日　第1刷　発行
2017（平成29）年4月20日　第2刷　発行

編　　集　大谷派児童教化連盟（真宗大谷派青少幼年センター内）
発 行 者　但馬　弘
発 行 所　東本願寺出版（真宗大谷派宗務所出版部）
〒600-8505　京都市下京区烏丸通七条上る
TEL　075-371-9189（販売）
075-371-5099（編集）
FAX 075-371-9211
本文挿絵　眞野正志
デザイン
印刷・製本　株式会社アイワット

ISBN978-4-8341-0535-3　Printed in Japan
JASRAC出1606709-702